—— 静 荷 ——

姝茵小作

U0336517

光速进化
卓越CEO的思与行

Evolution
at Light Speed

揣姝茵 著

机械工业出版社
CHINA MACHINE PRESS

图书在版编目（CIP）数据

光速进化：卓越CEO的思与行 / 揣姝茵著. — 北京：机械工业出版社，2023.3

ISBN 978-7-111-72617-3

I. ①光…　II. ①揣…　III. ①企业管理　IV. ①F272

中国国家版本馆CIP数据核字（2023）第023985号

光速进化：卓越 CEO 的思与行

出版发行：机械工业出版社（北京市西城区百万庄大街22号　邮政编码：100037）

策划编辑：白　婕	责任编辑：白　婕　张　昕
责任校对：龚思文　梁　静	责任印制：刘　媛
版　　次：2023年4月第1版第1次印刷	印　　刷：涿州市京南印刷厂
开　　本：147mm×210mm　1/32	印　　张：7.5
书　　号：ISBN 978-7-111-72617-3	定　　价：79.00元

客服电话：（010）88361066
　　　　　（010）68326294

感谢我的父母赐予我生命

感谢我的先生让我更完整

感谢我的两个女儿让我看见生命的纯净饱满

致敬在无人之路上笃定前行的勇者

独行者的旅途中
黑暗紧裹，或有微光
需时时关照己心
洞悉人格中最纯真、最独特、最锋芒之交汇
以此为光
指引漫漫旅途
前方无论疾风骤雨还是风和日丽
都可不彷徨、不纠结、有耐力地走下去
而此中光芒
切不可仅为己照路
若遇同路之友
倘能慷慨相助
则进阶为助人者
光速进化无可限量

目录

推荐语

序　言

引　言

个人篇

推荐语

在数智革新的旅程中，一把手自身领导力进化的高度、深度和广度需要与企业内外环境的变化齐头并进。姝茵的这本书生动地展现了 30 位 CEO 自我进化的真实场景、进化方法与修炼工具，对数字化时代领导者的知行合一很有借鉴意义。

——杨国安

腾讯集团高级管理顾问、腾讯青腾教务长，
杨三角企业家联盟创始人

企业家和企业家精神是世界上最稀缺的资源。企业家是一群肩负特殊使命的人，他们握有定义自己企业的权力，优秀企业家同时拥有定义优秀企业的能力。内强自然外盛，对于企业及企业家也是如此。阅读姝茵的倾力之作，读者可以从中获益，做自己人生的CEO。

——费敏

华为公司前常务副总裁，EMT轮值主席、EMT成员

和姝茵共事的那几年，是我们的客户、团队和我本人最大开眼界和最有收获的几年。每每陷入混沌之际，我都会第一时间喊上姝茵，一次次见证"姝茵时刻"的魔力。真正可以帮到客户和我们自己的，除了习以为常的最强大脑和数据分析，还有我们内心深处"高远、深邃而宽广"的慢空间。在这里，我们可以做自己，看见自己，联结自己，复盘自己，提升自己。然后最重要的是，我们可以放下恐惧和不安，学会敞开心扉，爱自己、爱客户、爱团队、爱彼此。正是这种建立在爱和开放基础上的勇气、好奇心和共创精神，引领着我们不断探索各种充满挑战的未知领域，发掘每个人和每个组织的潜能。希望有更多的读者能从本书中找到属于自己的灵感和收获。

——李广宇

麦肯锡全球资深董事合伙人

每一个挑战、每一次转型都是我们实现进化和突破的机会。通过呈现 30 位 CEO 在他们进化旅程中面临的难题，分享突破难题的核心问题和进化方向，本书对每一位期待进化成为卓越组织 CEO 或卓越人生 CEO 的读者提供了启发和陪伴：外界环境越是瞬息万变，我们就越需要保留一个慢空间，静心审视，厘清脉络，重新出发。

——戴华

哈佛中心（上海）有限公司董事总经理

作为姝茵的学长，我始终为她的勤奋、好学、正念、向善而骄傲。本书诠释了她的这些潜质。读者读完这本书后，可能会得到新的感悟，也是对我心中一个长期未解问题的回答：一家创业企业如何保持基业长青，成为百年老店。因为我曾经参与开发的张江高科技园区，经过 30 年的建设，培育的科技企业从 0 家发展到 10 万家。但是早期创业企业，已经没有多少存活下来，原因是什么，我们不妨在本书中得到更多启迪。

——花明

张江集团原副总经理，
上海浦东现代产业开发公司原董事长、总经理卓越的企业家是中国当前及后疫情时代经济发展最具能动性的宝贵资源。姝茵专注此领域的研究与实践数十年，她在本书中提出的进化为卓越 CEO 的三维模型：高远的人生使命、深邃的自我觉察、宽广的认知边界，给想成就卓越的 CEO 带来了有价值的成长指南。本书文笔优美，案例鲜活，不仅值得企业家研读，而且可以作为职场精英的工作指导书。

——童国栋

华业天成资本董事总经理

在快时代，姝茵这本书营造了一个高远、深邃而宽广的慢空间，让读者能够亲眼见证 30 位卓越 CEO 的进化时刻，并从中看见自己进化的无限可能。

——刘润

润米咨询创始人

高光时刻和至暗时刻，不仅创业者和 CEO 会遇到，而且每一个人在自己的一生中都会遇到。如果从进化的视角看，高光时刻和至暗时刻都是进化时刻。一本好书或者一位智慧的教练，都是催化进化发生的媒介，来激发我们本身潜藏的生命能量。

——郑云端

源码资本合伙人、CHO

姝茵是少有的集深邃的洞见、丰富的想象力和真正的同理心于一身的顾问、导师和教练。本书就是姝茵这些特质的最佳体现。企业和企业家最重要的事情，也许就是"进化"二字！进化，决定了他们的生存与发展。本书围绕"进化"这一重大议题，精心选择进化的关键场景，通过生动精准的细节描写，提出发人深省、直击灵魂的独到问题，再借助点到为止的留白式点评，为读者带来了思想启迪、理论方法，以及充满温暖的关切。

——陈玮

北大汇丰商学院管理实践教授，
创新创业中心主任

作为 2018 年投身本土生物医药创新大潮的一员，我在书中的每个进化时刻总能看到自己的身影，故事中主人公的困扰、迷茫与痛苦是如此真实，而作者的引导与进化建议总能使人豁然开朗,原来企业穿越生死可以是笃定且欢喜的过程。期待与读者一起进化!

——孟渊
天境生物副总裁

从风险投资家到创业者,如何才能由内而外打通任督二脉,进化自我,激活组织?本书融入麦肯锡的领导力心法和姝茵长期作为顶级领导力专家的感悟,对我帮助极大。在快时代里,CEO更应该打造自己的慢空间,学会深度觉察,联结使命,拓宽认知,升华组织;同时成为自己人生的 CEO 和风险投资家,规划和体验更丰富的人生。希望中国生物医药行业从业者都能读到这本书,从而进化出一批优秀的 CEO,让中国生物医药行业更上一层楼。

——朱忠远
映恩生物 CEO,通和毓承投资合伙人

姝茵是我非常钦佩的自我创新和进化的践行者。作为一名职业风险投资人,我对她提出的以风险投资的视角来看待人生的观点特别有共鸣。生活跌宕起伏,充满不确定性,唯有对未来抱有巨大的信心,才能以有限的生命资源追求无

限的生命价值，在这个过程中，我们应当不断自
我进化——以光的速度！

——金炯

源星资本创始管理合伙人

认识姝茵起源于麦肯锡为我和我的团队量
身定制的高管培训项目，姝茵作为主要培训导师
陪伴我们经历了一年的光速成长。那时的姝茵就
像润物无声的细雨，滋润并促进了我们团队的融
合与进化，"舞池与露台""APP"等方法论至今
仍时常出现在我和同事的交谈中，此次在本书中
看到，倍感亲切。分别一年后，姝茵启程创业，
我看她的朋友圈，就像一朵尽情绽放的山茶花，
每一片花瓣的舒展都那么有力。她的思考与感悟
巧妙地与大家职场进化的时刻产生了同频共振。
这不禁令我再次感叹，用文笔认真镌刻时间的姝
茵最美丽！

——陈朝华

辉瑞中国研发中心负责人

姝茵这本书写的不是 CEO 的高光时刻，而
是逆境和失败中的他们如何从内心汲取勇气和
力量砥砺前行的真实故事。顺风不骄，逆境不馁。

希望读者能从这本书中汲取力量，做自己人生
的CEO。

——李一诺

一土教育联合创始人、麦肯锡原全球合伙人、

比尔·盖茨基金会原中国区负责人

光速进化：快时代的慢空间

在 2019 年 10 月出版的麦肯锡季刊《卓越 CEO 的思与行》一文中，CEO 的角色被这样描述：这可能是商界最强大且最受欢迎的头衔，它比其他任何职位都更令人兴奋，更让人有成就感，更具有影响力。CEO 所掌控的是公司的大动作，对公司绩效的贡献可以占到 45%。CEO 的一个决策，可能让他名满天下，亦可使他折翼云端。○

○ DEWAR C，HIRT M，KELLER S. The mindsets and practices of excellent CEOs[J]. McKinsey quarterly，2019（10）：2-3.

在麦肯锡工作学习的 8 年时间里，我近距离观察了 10 多个行业的 100 余位董事长和 CEO，并陪伴他们走过了一段段令人难忘的转型之旅。在多数人眼中，CEO 常常身处鲜花和掌声的高光时刻，但很少有人看到 CEO 困顿和跌倒的至暗时刻，更无法感知他们在无人之路上独自承受的王冠之重、永恒的孤独、巨大的压力和对未知的迷茫……

这些 CEO 如你我一样，也是平凡人，在巨大的不确定性和困难面前也会感到恐惧、迷惘、无助。但同时他们又是不平凡的，他们在面对人生低谷和巨大挑战时展现出的谦卑、好奇、淡定、释然和再战的勇气，让他们在这个如光速般变化的"快时代"里，内心保留着一个高远、深邃而宽广的"慢空间"。在这个"慢空间"里，他们做纯粹而饱满的自己，看见自己，接纳自己，复盘自己……他们的人生，也在"高远的人生使命、深邃的自我觉察和宽广的认知边界"三个维度上得到升华。他们不忘初心，笃定前行，做时间的朋友，进化自我、赋能他人、引领系统。

在光速般的快时代中保留一个自我进化的慢空间，是我们每个人都可以无限接近的纯美境界，而每一天我们都有无数的机会臻于佳境：

- 这需要我们的勇气与好奇，把人生的时空维度打开，明确自己的人生使命与愿景。
- 这需要我们的暂停与留白，从小我的情绪中抽离静观，做深邃的自我觉察与反思。
- 这需要我们的开放与探索，与各种极致的能量碰撞，拓宽认知边界，转换固有视角。

在本书中，我试图通过对 30 位 CEO 所经历的进化旅程进行一帧一帧的回放，来捕捉每个生命个体"乾坤挪移"的瞬间，以一叶知秋、滴水见海的方式，与你分享他们光速进化背后的故事、感悟和方法。

- 你会看见作为使命咨询创始人，我在缓慢艰难地从领导力专家成长为创始人后的自我复盘时刻。
- 你会亲历一位成功的投资者躬身入局担任 CEO，亲力亲为组建一支高管团队的困顿时刻。
- 你会感受到一位生物科技独角兽公司的 CEO，在新冠疫情期间经历个人和组织的双重考验时内心的摇摆和迷茫。

- 你会观察到一位跨国企业的职业经理人如何脱下荣耀的盔甲，慢慢转型为初创组织的设计师和建设者。
- 你会倾听到一位创始团队的老大哥，如何心力交瘁地带领组织前行，直到走不动时与投资人的交心谈话。
- 你会体会到一位年近半百的创始人在公司股价大跌、团队出走时的心力交瘁，以及面对未来人生不同岔路时的艰难选择。
- 你会和处于事业巅峰的 CEO 一起在敦煌，走玄奘之路，体会"顺境不骄，逆境不馁"的真意。
- 你会和一位享誉行业的专家一起开启人生下半场的探索旅程，并找到自己的能量核心。
- 你会看见一家精品投行的创始合伙人如何面对核心人才流失，并开始认真思考建立一个使命愿景驱动的组织……

没有天生的 CEO，CEO 处于一种不断进化的状态！在每一个进化时刻，必然有苦涩的失败，而这些失败的背后，蕴藏着无穷的宝藏和礼物，等待每一位 CEO 去发现。自我改变极其艰难。而每一位 CEO 的改变，不只是为了让自己变得更好，还要成就心中的宏图大愿，通过自己的改变和团队的进化，让大家共同的事业成就更多的人和系统。

你是人生的 CEO，发现你独一无二的光芒，以及你要为这个世界贡献的美好使命，带着使命的能量和祝福，勇敢而笃定地光速进化！

每天这样问自己

1. 我睁开眼睛的第一刻，是否真心感恩父母赋予自己生命，并能作为独立自主的个体行走于天地间？

2. 我是不是真心对待每一次和他人交流的机会，无论面对面还是通过虚拟网络，都以澄明之心倾听对方，不加自己的假设和臆断？

3. 我能否运用自己有限的知识和思考，辨析纷繁复杂的信息，回归问题的本质，直指核心？

4. 在大大小小的决策中，我能否从不同角度考虑问题，并遵从内心坚守的价值观，做出最清晰笃定的判断？

5. 我能否不沉醉于虚幻的标签和光环，从冷静、客观、超然的角度审视自己的言行，做到每日精进？

个人篇

001

在舞池与露台间自由切换

进化时刻

　　一个周五的下午，在北京大望路华贸中心的喜马拉雅会议室里，洞见基金创始人 Star 和团队正在进行每周一次的业绩复盘会。负责新能源板块的嘉文刚刚汇报了一半就被 Star 打断了，大家知道，Star 又要开始长篇大论了。每次的业绩复盘会与其说是复盘会，不如说是 Star 的战略战术宣导会。会议室变成平行空间：Star 滔滔不绝，同事们却开始玩手机，在微信群里开起小会……会议一结束，Star 便匆匆赶往嘉里大酒店，今晚他要和一位重要的投资人共进晚餐。在去往酒店的路上，Star 点开 EMBA 同学微信群，和同学们在群里插科打诨，是他在紧张的工作之外最好的调剂。今天班委 Echo 发了一个视频，视频中一位超级强势的 CEO 正在和无精打采的团队开会，Star 仿佛看见了另一个自己……

进化问题

> Star，作为创始人，你如何做有效的暂停与自我复盘？

宋代文学家苏轼在《题西林壁》中这样写道："横看成岭侧成峰，远近高低各不同。不识庐山真面目，只缘身在此山中。"

身在此山，不识真面。

"身在此山中"，与哈佛大学罗纳德·A.海菲兹（Ronald A·Heifetz）教授的《火线领导》一书的核心概念遥相呼应。在这本书中，海菲兹教授提出了一个极为关键的概念：舞池和露台（Balcony and Dance）[⊖]。置身

⊖ 海菲兹，林斯基.火线领导［M］.张慧玉，译.北京：机械工业出版社，2014：56-65.

舞池恰似"身在此山中"，可以欣赏山泉草木、虫鸣禽嬉，而处于露台时，犹如立于泰山之巅，有着"一览众山小"的辽阔视野。

就像前面的 Star 一样，人生的每一刻，他都在舞池中翩翩起舞，快节奏的工作和强大的惯性让他从一个舞池进入另一个舞池，很少有机会回看自己在不同舞池中的状态、情绪、行为，以及真正体察舞池中的其他舞者的舞步与感受。而 EMBA 同学微信群里的那段视频，恰如一个邀请他离开舞池，回看自己的"露台时刻"。

在生活中的大部分场景里，我们都"置身舞池"，无论是我此刻在写这篇文章时的遣词造句，还是一位舞者在翩飞回旋时的快意享受，抑或是创业者和团队凝聚所有的激情和智慧讨论第一个产品的原型……在舞池状态中，我们是专注的、享受的、兴奋的、挥洒自如的……

处于露台时刻的我，会停下来审视全文，看看我的初心和主旨是否被文字切实地传达出来了；处于露台时刻的舞者，会回放录像，和舞伴一起讨论舞步的配合以及下次如何更美地呈现舞姿；处于露台时刻的创业者和团队会做复盘，检视自己为之骄傲的产品能否满足客户真正的需求并与竞争对手形成差异化……

处于露台时刻的我们，是冷静的，超然的、客观的、缜密思辨的……

舞池和露台的状态容易理解，而真正难的是做到两种状态兼得或切换。因为在两者之间的切换，隐藏着人们心智模式的变化。恰如一天中最美的景色不是正午的烈日，而是淡染天空的朝霞或余晖。而如果你能用心察觉自己的视角偏好和思维模式，就可以在两种状态间自由切换，并获得第三种状态：在舞池，同时也在露台。当我面对 60 多位 CEO 进行演讲的时候，一个姝茵在舞池中侃侃而谈；在同一空间的 10 米之外，有另一个姝茵在冷静地旁观，并默默地问我："姝茵，你此刻的所思所行是在真正成就 60 多位听众吗？"而当我能觉察和感知这两种状态、善用这两种能量的时候，就可以更好地觉察当下的自我，进行及时的复盘和调整，而不会被其中的任何一种状态带偏。

自如地在舞池和露台两种状态间切换，审视自我以及身处的情境，我们可以更好地进行自我觉察和自我反馈。

对 CEO 来说，处于露台时要观察世界宏观趋势和行业结构变化，高瞻远瞩地制定战略；置身舞池时要明察秋毫，在微观层面上倾听组织的脉搏，感知团队的温度，培育关键的人才。

而作为平凡人的你我，也同样可以在舞池和露台之间自由切换，无论是主持一次工作会议，还是策划一次市场活动，抑或是与家人享受一次平平常常的晚餐。如果你能慢下来，找到自己最容易深陷其中而不能自拔的舞池场景，从露台的角度来觉察自己的状态，你会对自己有新的发现。

此刻的你，在舞池还是露台？

进化线索

如何获得露台时刻？

- 开始一项活动前，用 5 秒钟的时间，问问自己的初心。活动结束后，不要急于进入下一个活动，用 60 秒的时间进行深呼吸，并问问自己对于这次活动的感受和心得。
- 通过个人电影回放的方式，帮助自己做一周、一个月、一年的回顾，在"露台"上审视自己并进行自我反馈。
- 定期收集周围挚友或榜样的反馈，并以此为镜，看见"舞池"中的自己。

002
使命如北斗

进化时刻

　　汤博士最近特别高兴，他创立的千仞科技跻身为国内语音识别领域的领先企业，研发团队刚刚斩获 3 项国际大奖，公司也成为资本争相追逐的独角兽。公司刚刚完成了 D 轮融资，整体估值也增长了 2 倍。正好赶上国庆假期，汤博士想去敦煌玩玩，顺便犒劳团队，他特意邀请马教授一起参加，让这位大学时代的恩师也看看自己最近的成绩。汤博士特意关照公司的行政部门，要找一家精品旅行公司，让大家好好放松一下。

　　到达目的地，敦煌古道，斜阳如血，莫高窟，月牙泉，敦煌的一草一木都在讲述着历史。傍晚时分，一行人来到旅行公司精心准备的露营地，现场俨然是敦煌版的"丽思·卡尔顿酒店"：美食珍馐应有尽有，法国红酒、瑞士奶酪，还有敦煌山庄的厨师团队现场做的烤全羊，露营地还带有私人淋浴装备，两架直升机和应急医疗团队静静地守候在外场，以备紧急事故发生时做好人员救护、转移等事项……晚餐开始了，马教授到自助餐台取餐，恰好听到研发部门两位同事的聊天内容。

"最近的'飞天'项目怎么样了？"

"相当顺利！国内外四家院校的实验室排着队要和我们合作。"

"那你们烧钱烧得厉害了！"

"这个不用担心，反正每年的研发预算都用不完。"

进化问题

汤博士，听到这段对话，你有什么感受和反思？

晚餐后，大家一边喝酒，一边围着火堆仰望星空。

马教授邀请汤博士一起到月牙泉边散步。

"小汤，你为什么让我加入这次旅行？"

汤博士怔住了，想了一会儿说：马老师，您对我呵护有加，我特别想让您看见我的成绩！

"那你为什么带团队来这里？"

"他们平时特别辛苦，我想让大家放松一下……"

马教授微微一笑，岔开话题说："小汤，明天我们要走玄奘之路，你知道玄奘为什么要走这段路吗？"

"马老师，您别考我了，我文史哲学得不太好。"

"小汤，前一段时间我看了央视史诗级纪录片'玄奘之路'，感到特别震撼。你二十七岁那年还在我的实验室工作吧？玄奘二十七岁那年，已经是当时中国佛教界的千里名驹，名声显赫了，他选择西行，到底是为了什么呢？在取经的路上，高昌国国王要供奉他为国师，锦衣玉食，他没有应允，依然要前往西天取经。高昌国国王以王权施压，玄奘就断食断水，以死相向，最后高昌国国王被玄奘感动，两人不但结为兄弟，高昌国国王还倾力支持玄奘的取经梦想。玄奘回到大唐，唐太宗欣赏玄奘的谈吐和才华，希望他还俗辅佐自己，被玄奘婉言谢绝，他向唐太宗表明自己希望全心专注翻译佛经的事业。玄奘不但将自己历年来所经过的一百多个国家的见闻，写成一本《大唐西域记》，呈送给唐太宗，而且带领一支庞大的团队，用十道严谨的工序潜心翻译佛经，一共翻译了七十余部，一千三百多卷佛经。你想想，玄奘十岁踏入佛门，十三岁正式剃度，二十七岁为寻求佛法而西行，十九年孜孜不倦地学习，十九年呕心沥血地翻译佛经，到底是怎样的信念在支撑着他呢？"

汤博士已经完全沉浸在玄奘的故事中。

马教授用手指向天空说："小汤，你看头顶的银河和北斗星！"

汤博士抬头仰望，美好的银河壮阔神秘得令人窒息，北斗七星冉冉升起。他仿佛看见 1400 多年前，一位衣着朴素、目光坚定、举止庄严的僧人，在这条无人之路上笃定前行。

"小汤，你还年轻，未来的路还很长。将来既会有顺境和巅峰，也会有坎坷和低谷，任何时候都不要忘记北斗七星，不要忘记你为何出发。想一想，未来 10 年，你要把这家公司带往何方？想一想，这家公司将为世界留下什么美好的痕迹？想一想，如果遇到寒冬，公司的资源应该如何花在刀刃上？切记顺境不骄，逆境不馁。"

汤博士彻夜未眠，他悄悄遣散了奢华的后勤队伍，在深夜的寒风中写下千仞科技的使命：让科技赞美生命。

当东方的天边微微泛白的时候，汤博士给团队发了一段文字：今天我们一起徒步，走玄奘路，修内心魂。

进化线索

顺境滋养傲慢与自恋，逆境修炼筋骨与心智。一家组织在顺境中，会受到资本的追捧、同行的赞誉，人才快速涌入、组织急速成长；与此同时，傲慢和自恋也会悄然而生。花钱大手大脚、业务盲目拓展、做决策时盲目乐观而忽略风险，被表面繁荣迷惑而忘记修炼内功以应对寒冬……

CEO 和团队如何做到顺境不骄，逆境不馁，时刻保持对现实既冷静又乐观的审视，同时在行动上既谨慎又果断，这是永恒的修炼。

CEO 可以定期和团队做组织的压力测试，模拟不同版本的"最坏情景"并做好组织的预案。

003

借事修人

进化时刻

上海新地标恒基·旭辉天地在午后的阳光下呈现美丽的丹霞红。徐京坐在安静典雅的二酉书店，长长地舒了一口气。去年的这个时候，他告别了深耕 10 年的风险投资行业，躬身入局，成立了泽仁科技。作为创始人、董事长和 CEO，他开启了对"全病程管理模式"这个"新大陆"的探索之旅。这一天，公司获得了 5000 万美元的 A 轮融资，行业的友人对他的信任和肯定让他感动不已。他刚想和团队分享这个好消息，手机突然跳出了 HR（人力资源）的一条信息：老板，首席科学家霍总和他的两名下属吵架了，他们团队的两名总监没有经过公司许可，访谈了 3 位收费很贵的行业专家，供应商让公司支付 5 万美元的访谈服务费。霍总让他们自己承担这笔费用，两名总监很委屈，其中一名已经和我提出了离职申请……徐京的心情五味杂陈，他的嘴角扯出一丝苦笑：以前看几百个项目，经常教育创始人要管好团队，怎么自己做起来也这么差劲呢？徐京喝了一口咖啡，他决定明天和这三个人谈一谈。他打开苹果手机上的日历，发现自己的时间已经完全排满了，公司大大小小的会议都要亲自参加，他恨不得长出三头六臂来……

进化问题

> 徐京，你觉得作为投资人和作为CEO，自己有什么相同和不同之处？在创业的路上，你应该如何修炼自己？

作为投资人的徐京是一名极其优秀的"运动员"：耶鲁大学的博士毕业生，投资界的狙击手，看问题稳、准、狠，团队成员大都是自驱力极强的钢铁战士。他习惯带着小而美的投资团队攻城略地，更多地关注任务本身和最终结果。他非常相信自己的判断，并要求团队果断执行。作为投资人的徐京，如果接到 HR 的微信，他会第一时间拨通霍总的电话，带着不容置疑和责备的语气，把他的指令直接下达给霍总，并和 HR 一起宣布公司对这件事和相关人员的处理决定。徐京这样的思考和行动从表面上看似解决了问题，但是很可能伤害霍总的积极性和团队的士气，在深层次上没有解决根本问题，而且失去了借这件事培养团队能力的机会。

在旧身份的"自动驾驶"模式下，徐京会直接解决这个问题。如果此刻徐京可以暂停，站在露台上思考：

- 我是运动员、队长，还是教练？
- 如何通过这件事情，成就霍博士（队长）和他的团队？
- 如何通过这件事情，赢得公司最宝贵的人才的心？
- 如何通过这件事情，把公司的内控系统建设起来？
- 如何让这件事情成为修炼自己的宝贵时刻？

如果徐京能暂停并提醒自己：我不再是一名运动员，而是教练；我的思维定式需要从"仅仅关注任务和结果"变成"借事修炼团队和队长"。这样的内在转变，会让徐京在心态和行为层面上更智慧地应对这件事情。他会笃定地相信团队的善意，笃定地相信霍总的成长潜力，也笃定地相信只要通过深度沟通，霍总和团队一定会找到这件事情的最佳解决方案。作为教练，徐京首先会找霍总深谈一次，倾听他对这件事情的看法与判断，通过提问的方式让霍总也把这个事件看成一份自我成长的礼物，然后一起探讨如何行动能让团队有觉察、有成长、更团结。此刻的徐京，不会陷入运动员模式自己决策，而是和霍总在决策的根本逻辑和价值观上达成一致后，让霍总自己去处理这件事。只有在霍总需要的时候，徐京才会适度给予指引和帮助。

此刻的泽仁科技，核心产品从 0 到 1，尚在打磨，高管团队尚在搭建，公司流程尚未形成，作为从投资人躬身入局成为创业者的徐京，第一要务是做好团队的教练，而不是事必躬亲的运动员。徐京勤奋而敏锐，长期的学习生涯和 10 年的投资经历让他练就了对事情火眼金睛般的洞悉和判断能力，原来作为投资人的天然优势，加持了徐京。他对行业富有远见的判断会帮助他笃定公司的战略，他本人极强的融资能力会为公司提供强大的供给与养料，他对于技术的深入研究会在吸引人才时很快找到志同道合的伙伴。

如果有一个旁观者的视角，徐京会清楚地看见自己投资人的惯性也有可能成为一把双刃剑：看项目犀利的眼光，放在对待团队上，往往容易看到同事的不足，而看不到对方身上 90% 的优点和闪光点；对人的快速判断，很有可能变成评判与指责，这对一个尚未成熟的团队是极其有害的；而习惯于小团队作战的氛围，让资源容易倾斜给组织的前线，而忽略大后方的人才（HR，法务，风控）。

　　从投资人变成创业者，徐京身上不变的是对事业极致持久的热情坚持和韧性，变化的是从投资行业大都是强调独立思考和批判思维的个体游戏的认知，转变为做企业是"一群平凡人一起做不平凡事情"的团队运动的认知。徐京要实现从"球队的运动员和队长"到"球队的教练"这一根本的身份转变。

进化线索

徐京需要时刻用 APP 三步法修炼自己。

- Aware：觉察自己做运动员的旧模式。
- Pause：暂停，调整心态和思维模式，意识到自己是一个队长和教练。
- Practice：采取新的行动。

004

如沐雨中，回归初心

进化时刻

这个故事的主角是使命咨询创始人揣姝茵，也就是我本人。

2020 年 3 月，我刚刚创立使命咨询，那时的我激情澎湃，豪情万丈，立志在"CEO 领导力提升"这个细分赛道打造一家美好而深邃的组织，和一个生机勃勃的 CEO 社群。我计划在 2020 年第二季度举办使命咨询第一季卓越 CEO 论坛，对于邀请嘉宾，我首先想到的就是在麦肯锡工作期间结识的光明乳业前董事长王佳芬和她的教练张中锋老师。他们二人是我人生的榜样和导师，于是我通过视频连线了他们，看见两位老师熟悉的面庞和鼓励的眼神，我滔滔不绝、雄心勃勃地和他们分享了我的创业蓝图、卓越 CEO 论坛的设想以及对两位老师的邀约。当我把想法和盘托出，特别希望听到他们接受我的邀请时，镜头中的两位老师却话锋一转，开始问起我家人的近况……

进化问题

> 姝茵，作为刚刚起步的创业者，你
> 认为最重要的事是什么？

"佳芬老师、中锋老师，能否邀请你们参加使命咨询的这个论坛，加持现场的 CEO 们？"

张中锋老师并没有直接回复，他喝了口茶，缓缓地说："姝茵，你在疫情这个特殊时期选择创业，非常勇敢啊！你的先生和家人都支持你的这个决定吗？"

"他们都非常支持！"

王佳芬老师说："姝茵，你特别真实勇敢，我们非常愿意帮助你。在谈你的公司的工作之前，我们想先谈谈你自己。作为创业者，你认为自己身上有哪些特质会成就你，哪些特质会成为潜在风险？我们建议你花时间多了解自己，把自己这个'原点'看清楚，再谈你要开展的事业。"在接下来的两个小时里，两位老师循循善诱、启发提点，我感到如沐雨中，身心通透。

如今，时间已经过去了两年，我仍然记得当时结束视频通话时的自己，内心充满了感动与震撼。这两个小时，对我的意义极其重大，好像我在计划攀登珠峰之前，得到了一份最为珍贵的礼物，这份礼物让我看清楚我是谁，我为何开启这段旅程，以及我作为一个个体的特质，会如何成就我和限制我，我应该如何进化，成就我自己和使命咨询。这份礼物让我对远方充满信心，也对路上的崎岖和未知有充分的心理预期。带着这份礼物，我开启了创业的第一年。

如沐雨中，是一种极其珍贵、真实而释然的状态。如同少年在田野间玩耍时，忽然遇到天降大雨，起初是错愕躲闪，之后是释然不御，最后是欢快畅享。在自然的洗礼中，我们回归最自然而真实的状态，不端、不装。

而人与人的联结，也应该像"如沐雨中"般美好。两位老师用自己的行动，向我诠释了 CEO 教练的境界：笃定的相信，深度的谦卑，无限的专注，全然的交付。

这种状态也成了我接下来行动的指南针。无论是我自己要进行的一次独自创造，还是与友人或客户进行深度谈话，或者面对众人进行高质量的分享，在任何类似的关键活动之前，我都会进行这样一个"如沐雨中，自我荡涤，回归初心"的仪式，让自己如清晨初日、雨后青苔、空谷幽兰般轻盈美好，纯粹饱满，这样才能成就自我，成就他人，成就系统。

在每次写作之前，我都会用一张白纸写下这篇文章的要点，让思绪形成不重不漏的架构和直指核心的关键主旨；倾听自己最爱的音乐，用音乐激发自己饱满的情绪与状态；冥想沉思，把书中进化时刻的每一个细节在眼前慢慢回放。这样的准备，让我提笔之时，文字如清泉般自然、缓慢而有序地流淌出来。

在每次与 CEO 交谈之前，我都会用半天的时间做自我存养和修炼。在清晨的太阳下练习太极的呼吸吐纳，用冥想来觉察和净化自己的思绪与初心；在会议开始前 5 分钟做自己的身心签到，问问自己：此刻我的感受和状态如何？此刻我的初心是什么？此刻我的干扰是什么？

在每次大型演讲之前，我都会在心中做若干次预演，既考察整个场域的空间、氛围、色彩、音乐与节奏，也在预演中把自己分享的每一个镜头做定格与深度聚焦，检查自己的状态、内容与过程是否三位一体，能否在有限的时间和空间内吸引现场每个人的注意力。

在每次引导一个高管团队进行身心修炼的工作坊开始之前，我都会和使命咨询团队一起做"如沐雨中"的仪式，问问我们的初心、我们的感受和我们的意图，让我们自己先成为一个纯粹、安静、灵动、包容的人……

人生有涯，求真无限。希望读到这段文字的你，每一天都"如沐雨中"……

进化线索

想要进入如沐雨中的状态，可以每天用"身心签到"这个动作开始练习。

在开启一段关键对话之前，问自己以下 3 个问题。

- 此刻我的感受是什么？
- 此刻我最希望自己以什么状态开启这段谈话？
- 此刻我的干扰是什么？

可以用 1 分钟在心中过一下上面的问题，再进入下一刻的对话。

再举个例子：在团队开会前，可以让团队每个成员分享他们对以下 3 个问题的回答，让团队以"如沐雨中"的状态开启一段会议。

- 此刻我的感受是什么？
- 此刻我最希望团队以什么状态开启这段谈话？
- 此刻我的干扰是什么？

这个练习看似平常，但是这样一种慢启动，会让团队接下来的互动更真实，更有深度，更有质量。

进化时刻

瓷都景德镇的一个傍晚，陶溪川的红土砖墙映入水中，形成美好的夕照倒影。学琴，人在瓷都，心在"魔都"（上海）。上个月，她刚刚从 V 集团中国区的药物警戒部门资深总监被破格提拔为中国区的业务负责人。下周一，她要向刚刚上任的集团总部的业务负责人汇报中国区的战略目标与计划，这对长期埋头执行的她来说，是一件头疼的事。讲些什么呢？他们会如何看待自己这个新人呢？有关战略、OKR、KPI 的书看了一堆，PPT 也准备了 50 页，但她总感觉哪里有点不对劲。

进化问题

学琴，作为业务负责人，你要展现哪些新的心态和行为？

带着这样的心情，学琴走进了公司安排的女性领导力论坛会场。这是公司为未来女性领导者精心准备的一份礼物，地点就在景德镇陶溪川凯悦酒店。

步入论坛会场，学琴听到一段动人的琵琶音乐，这是由中国青年音乐家高思超演奏的《琵琶行》。令她惊讶的是，会场里没有以往培训时常见的白板纸和记号笔，整个空间只有蒲团围成的圆环，圆环的中心是清澈的荷花池、绽放的花朵与摇曳的烛光。而在每个蒲团的前面，放着以著名的千里江山图为元素的信笺和一支毛笔。学琴以为自己走错了地方，直到看见公司的其他几个同事步入会场，她才安心落座。

开场的老师 Coco 来自当地，是一位年轻的摄影师，她为景德镇御窑博物馆拍摄的作品风靡抖音和小红书。Coco 微笑着向大家问好：

"欢迎大家来到我的家乡，希望我们一起度过一个美好的上午。今天是一节摄影课，你们一定感到奇怪，领导力和摄影有什么关系？其实我也不知道。但我请大家今天上午忘掉工作，放松心情，把自己当成景德镇的御用摄影师，和我一起感受光影之美。

今天我们的第一个活动是'我眼中的瓷都酒店'，这个酒店的设计师是大卫·奇普菲尔德（David Chipperfield），他操刀过众多卓尔不群的建筑作品，以干脆冷静的风格著称，上海的西岸美术馆就是他的作品。请大家带上相机，到酒店的中庭，慢慢浏览和拍摄，期待你们的照片。"

伴随着美妙的《琵琶行》，学琴踱步来到了酒店的中庭，在红砖和绿叶的掩映之下，她兴致勃勃地开始拍摄……她住过很多酒店，但好像第一次感到时间变慢了，第一次如此细致地观察到砖的朱红，叶的青绿，阳光的通透，她完全沉浸在酒店的美景之中。拍摄结束，Coco老师组织大家回到会场，开始品鉴彼此的摄影作品。随着一张张照片的放映，学琴在内心惊叹：小小的一个中庭，在每个人的镜头中，竟然呈现出如此多元的形态。屏幕定格在最后一张照片上，这是Coco刚才和大家一起在中庭拍摄的。学琴眼前一亮，刹那间有顿悟的感觉。

这张照片构图简洁，只有绿叶和红砖；视角清奇，从绿叶中看见红砖；有柔有刚，柔和灵动的叶脉与烈火烧铸的红砖相映成趣，不规则的叶缘形态与齐整有序的砖墙角线，构成了强烈的反差。Coco给这张照片起的名字是：无规之规。

学琴情不自禁地举起手问Coco："为什么你的照片这么美？"

Coco微微一笑，在白板上写了六个字：**原点，跨界，聚焦**。[○]

她说："我的摄影一直遵循这六个字。原点，是我的初心与意图；跨界，是我会广泛运用色彩和景物元素；聚焦，是我在构图时尽量做减法，形简神聚。大家试一试，以这六个字为指导，再回到你刚才拍摄的地方，重新审视自己的视角。"

学琴感觉自己像是掉进了兔子洞的爱丽丝，发现了一个全新的世界。学琴的第二张照片，聚焦于瓷器上的瓷绘飞天图案。她给自己的照片起了个名字：古与今。

───────────────

○ 张中锋.企业家教练的自我修养［M］.北京：中信出版集团，2018.

学琴看着自己的第一张和第二张照片，似有所悟，拍摄照片和向上级汇报工作异曲同工：我要传达什么关键信息？我如何用理性和感性的元素传达关键信息？我如何聚焦关键信息，不重复、不遗漏、有结构地把它讲清楚。回到房间，打开电脑，学琴感到神清气爽，思如泉涌。她笃定地在下周要汇报的材料首页上写下四个字：守正出奇。

进化线索

思考一下，对于你将要进行的下一次汇报、演讲或团队会议，你的原点是什么？你如何整合各方面的跨界资源？你要聚焦在什么信息上？

006

与 100 岁的自己相遇

进化时刻

　　成都青城山的月成湖，碧波荡漾，处处入画。山脚下，六善酒店的茶室如世外桃源般岁月静好，巫娜的古琴声与窗外的竹海相得益彰。彼时，阴历虎年新春刚刚过去，勇智也迎来了第四个本命年。5 年前，勇智创立了大善生物，那时的生物医药行业方兴未艾，赛道里的各路资本热潮涌动，勇智凭借敏锐的商业嗅觉和专注的科学家精神，带领团队在公司成立 3 周年时就实现了公司在纳斯达克上市的目标，公司也被同行称为生物科技赛道里的特斯拉。而此时的他略显疲惫，鬓角也渐渐染霜，春节前，公司股票破发，半数高管出走，而几个投资人也表示不会再增资，他知道，今年必将是惊涛骇浪的一年，他不知道自己的心力和体力能否支撑自己度过这个至暗时刻。很多朋友也劝他，何必如此辛苦，人生的下半场还有很多事情可以做。此刻的他，如杯中绿茶，飘摇无定。

进化问题

> 假如若干年后，100岁的勇智看见此刻处于逆境中的勇智，最想问他一个什么样的问题？

舒云如约而至，她年近六旬，矍铄清秀。20年前，她是叱咤风云的董事长，现在的她，作为 CEO 教练帮助那些在路上摸索的 CEO 成长。

落座，寒暄，品茶。在进入正题后，舒云闭上双眼，用心倾听勇智的心声。勇智问舒云："我现在也一直在纠结，是再花 5 年时间把这家公司带到一个新的高度，用一个美好的'感叹号'结束我的创业旅程，还是可以直接收手闭关，开启人生下半场？"

舒云没有正面回答，她笑意盈盈，品了一会儿茶，然后从背包里拿出一台 Bose 蓝牙音箱，说："勇智，这些都是人生的大问题，我们不着急回答。最近我在学习中国的民乐，给你分享几段音乐，你只要深呼吸，放松身心，闭眼倾听就好，你可以随着音乐在自己的脑海里回放或者想象自己的人生电影画面。"

　　第一段音乐响起，是戴亚演奏的专辑《水月空禅心》中的《光》，乐声架起了一道时空长廊，让勇智回到了 2017 年自己刚刚创立公司的时刻。他看见那时的自己，和二十几位创业伙伴，在张江高科技园区的一个不起眼的试验室，通宵达旦地与美国的团队沟通，终于让第一个产品的临床试验申请（IND）获批，大家举杯相庆……那时的自己，纯粹而饱满，心无旁骛，只有达成目标和打胜仗的决心和豪情。

　　呼吸间，退出第一个画面。第二段音乐响起，是专辑里的曲目《圆满》。音乐声中，勇智仿佛看到了自己未来离开大善生物的那一刻，在青城山的宴会厅，高朋满座，团队每个人的眼中有感恩也有不舍。而大善生物的十款产品，已经拯救了数十万人的生命，让这些患者和他们的家人能继续享受美好的欢聚时光。此刻，勇智在想象中的未来时空里回望当下，发现公司股价的波动和团队人事动荡只是如同山峦起伏的一角、漫长旅程中的一段崎岖小路，内心顿感释然。

呼吸间，退出第二个画面。第三段音乐响起，这段音乐叫作《归》，长笛、古箫、古琴三股能量的汇流，使得勇智仿佛看见了自己已经在人生百年后化作一股清泉，继续润泽这个美好的世界。他的孩子们身上流淌着他的血液，秉承着他的精神，在世间美好而高尚地生活着，他的团队把大善生物带到了新的高度，成为中国医药行业的"黄埔军校"，一批批领军人物带着大善生物的使命笃定前行。勇智的肉体已经消失，但是他的精神仍然加持着这个世界的真善美。

再次呼吸，退出第三个画面。勇智内心如湖面般平静，他看见了纯粹而饱满的少年勇智，朝气蓬勃，充满了能量和活力，他要每天和这个翩翩少年联结；他看到创业的旅程绝非坦途，但恰如起伏的山峦才有美感和张力，也恰如自己的人生画卷，高远、深远和平远都在画中才完整；他看到了百年后的自己的痕迹，明白了现在的至暗时刻是修炼自己的最好的礼物……

勇智举起杯，和舒云相视而笑……窗外的青城山，美好依旧。

进化线索

对于人生中的很多重大问题，我们作为当局者，很难思考出答案。此时，我们需要摆脱自身所处的时空和情境的桎梏，把时间的维度拉长，回看过往的人生中纯粹而饱满的自己，憧憬 10 年后的自己，定格百岁时的自己，设想已经不在人间的自己，看看自己在这些场景中的生命状态，想想自己希望为这个世界留下些什么。这种抽离的视角会让我们远离此刻的不堪与纠结，在宏大而又美好的人生画卷中看见自己，提点自己。

007

与孩子和解，与自己和解

进化时刻

在成都宽窄巷子里的钓鱼台精品酒店里，国庆一家正在给 18 岁的儿子东东庆祝生日。东东是今天的主角，他 1 米 88 的大高个，斯文的外表下有一颗青春炽热的心。在父母和姐姐准备的生日蛋糕前，他许下了生日愿望，并开始发表自己的成人礼宣言："爸爸、妈妈、姐姐，我有一件事情要宣布，我已经决定去英国伦敦学习服装设计了。大家看，这是我即将创立的服装品牌'莲'，取自周敦颐的《爱莲说》！""50 岁的国庆神情骤变，他万万没有想到，也完全不能容忍自己的儿子"不走正道"，他抬高声音，严肃地说道："东东，学什么服装设计，爸爸退休后，公司就靠你来打理了，咱们家的摊子还满足不了你？"东东一点也不示弱："谁稀罕你做的房地产，我就要学服装设计！"国庆一拍桌子："你去吧，我一分钱也不给你，你去英国喝西北风吧！"东东面不改色，一甩袖子，自顾自地走了。一场生日宴就这样尴尬地结束了……

进化问题

> 国庆，这一幕如果是一份礼物，
> 你学到了什么？

国庆呆坐在餐桌前，心想平日在公司里，大家都前呼后拥、毕恭毕敬的，为什么回到家，孩子就不尊重自己呢！当年为了挣创业的第一桶金，自己差点累到吐血，现在的孩子，怎么能理解自己创业的艰辛呢，他们都生活得太舒服了！

国庆正郁闷着，老同学建超打来电话问道："忙什么呢，下周日我们古琴博物馆请了古琴界著名的席老师来成都，一起聚聚？"

国庆心里嘀咕：建超从小就没有正事，搞什么古琴，能当饭吃啊？

电话那头的建超接着说："你一定要来，我们小学同学都来，大家都等着见你哦。"

到了周日，同学们悉数到场。建超是当地古琴博物馆的主理人，他和大家郑重介绍起自己请的古琴老师：

"大家下午好，今天我特别高兴能请到席老师和大家见面。10年前，我在故宫博物院偶遇席老师，感到相见恨晚！席老师不仅会演奏古琴，而且会斫制古琴，他还带领团队进行深入的古琴研究。大家可能不知道，席老师以前是在清华大学读工科的，他怎么与琴结下如此深厚的缘分，等一会儿我会请他亲自介绍。"

席老师高挑清瘦，斯文儒雅，他微微一笑，说："谢谢建超，我和建超是有缘人，今天有缘相遇，我先给大家演奏一首《梅花三弄》，再介绍我自己的故事吧。《梅花三弄》是中国历史上非常著名的一首曲子，最初或为笛曲，其典故在《晋书》和《世说新语》等书里都有记载，请大家随着这段音乐回到古人雅集的美好时刻。"

国庆完全沉浸在席老师的话里，他从小就喜欢看古书，这段话把他带到了小时候在祖父的阁楼里乱翻书的时光。

席老师正襟而坐，调音，沉思片刻，指尖触摸琴弦，《梅花三弄》响起。

清澈高音，好像第一朵梅花迎风绽放，凌寒摇曳；低沉雄厚，好似满园梅花次第争艳，傲然怒放；变奏写意，仿佛朵朵梅花在冰天雪地中婀娜多姿。

一曲终了，掌声雷动，国庆才缓过神来，他深深沉浸在美好的旋律中。

建超笑着说："大家有什么问题可以尽管提，我们今天和席先生可以自由交流。"国庆旁边一位女士举起手问道："席先生，你为什么毕业之后没有去大公司工作，而是选择做一名专业的琴者？"

席先生娓娓道来："我非常幸运，我的父母都是大学教授，他们并没有要求我一定像他们一样走学术道路，他们一直告诉我，每个人的人生道路要靠自己探索。小时候我刚开始接触古琴时，就是抱着玩玩看的心态，之后的动力来自父母的鼓励，'你可以的''你蛮适合的''你弹得比别人好'，再之后是好奇心促使我继续探索。我的很多学生有时会想到放弃，但我经常鼓励他们，可以再试一试，再探索一下，其实学琴也好，写书法也好，做企业也好，都是如此。我个人的体悟是，古琴的学习，30%的时间用于修炼自身技术，70%的时间要用在琴外，从各个方面存养自己。"

国庆陷入深深的思考，在席先生的身影中，他仿佛看见自己的儿子东东，也看见自己还是把东东当小孩，希望东东什么都听自己的；他意识到"其实家长与孩子可以是平视的关系，孩子可以有自己的想法，双方可以一起探索未来"。

想到这里，国庆释然一笑，他拿出手机，把席老师的照片发给东东，写道：儿子，爸爸想通了，我特别高兴你有自己的想法，我给你介绍一位好朋友，相信他的古琴造诣和你的服装品牌可以碰撞出火花。

进化线索

- 企业家，是一个人的社会标签。

- 在家庭中，作为自然人，他既是儿女，也是父母。

- 家庭，是修炼自己的最好道场，也是最难的道场。

- 和孩子的关系，是一个人和自己的关系的映射。

- 对孩子的教育过程，本质上是让自己的生命更完整。

- 国庆和孩子的和解，本质上是和自己的和解。

008
知能，知止

进化时刻

梁栋在 50 岁生日那天送了自己一份礼物，从一家互联网"大厂"的管理学院院长这个岗位上退休，开启人生的第二曲线。这样既可以照顾家里即将高考的孩子，还可以做自己真正喜欢的事。那一天，他对接下来的日子憧憬了一番：我可以讲讲领导力的课，也可以给高管做做教练，还可以给商学院的大学生做做职业辅导，想想就很惬意。

但三个月下来，梁栋感到疲惫不堪：本来准备慢节奏启动的，这怎么比上班时还累啊？以前在公司里四平八稳的，现在要花很多时间去拜访客户和商务谈判。以前公司同事都非常尊敬我，现在客户对我挑三拣四，投入了很多时间也没什么产出。还有各种各样的创业营、峰会演讲和公益组织要我做导师，这三个月下来，各处穿梭，自己简直成了空中飞人……

进化问题

> 梁栋，在人生下半场，你要修炼自己怎样的状态和能力？

　　三月的一天，梁栋接到了老同事肖鹏的电话。肖鹏最初来公司时是管理培训生，新员工入职培训第一堂课的老师就是梁栋，从此二人一直以师生互称，保持着珍贵的友谊。肖鹏沉稳内敛，敦厚踏实，是梁栋最欣赏的产品经理。3年前肖鹏离开大厂，成立了一家基于SaaS模式的知识服务平台"一课通"，经过3年的辛勤耕耘，平台已经有100万家注册的企业客户，触达3亿终端用户。肖鹏这次要举办一个HR峰会，第一时间就想到了梁老师，想请他出山给自己镇镇场面。

　　"梁老师，这个峰会各行业的HR大咖云集，想请您出山，给大家讲讲人才如何培养，您是'老法师'，我们公司的人才培养也需要您的指导！"

电话这头的梁栋对肖鹏做的事情很好奇，他问："肖鹏，能不能跟我讲讲，你们公司到底是干什么的？"

肖鹏知无不言："梁老师，我正想和您汇报！刚从大厂出来时，我的想法还是很多的，一开始就在网上上课，讲讲如何做个好的产品经理。后来发现，很多网络授课平台体验很不好，我就想，为什么我不做一个平台，帮助像我这样的知识分享者呢？于是我和几个小伙伴就搭建了一个 SaaS 平台，帮助那些创造优质内容的知识分享者，打造属于自己的线上商学院课堂。我们公司叫"一课通"，这次要举办的 HR 峰会，也是希望能帮助一些大公司联结优质的老师资源，实现共赢。"

梁栋感到更有兴趣了，这不就是自己想做的事情吗！

"肖鹏，你跟我说说，这些知识分享者在你的平台上怎么工作呢？这个行业的顶级老师是哪些人？"

"是这样的，梁老师。其实很简单，在我们的平台上，顶级老师屈指可数，差不多占平台老师的 0.001%。他们都是对某个领域的某个话题有系统思考、理论框架和实战案例的专业人士，有非常强的个人品牌，市场定价最高，也是众多平台争夺的稀缺资源，很多头部企业都愿意采购他们的课程。我最佩服的一点是，他们都是极致的专家，都在一个点上'收拢、下沉、聚焦'，把一个点打磨到极致。他们聚焦特定行业、聚焦某个细分话题、聚焦某类特定企业的场景深入地研究，久而久之，就会发出极其耀眼的光芒。反观有些老师，他们往往随波逐流，市场上OKR热门就去讲OKR，市场上敏捷教练热门，就人云亦云、邯郸学步，他们没有形成自己的知识框架和底层逻辑，这样的老师是没有竞争力的。"

梁栋听得脸红了，自己不就是那个到处打井但是没有深耕的人吗！自己退休后那么忙，归根结底还是因为对自己的人生思考得不够深入。

"肖鹏，谢谢你的分享，你现在是我的老师！我和你聊天，受到很大的启发！"

"别客气，梁老师，我给您快递一本书，叫《穷查理宝典》，写的是巴菲特的挚友查理·芒格。您看看。"

一年后，梁栋和肖鹏再见面时，梁栋已经成为"进化学堂"的创始人，他计划用10年时间，陪伴专精特新赛道的独角兽企业的进化成长，并开始撰写自己的第一本书：《中国企业进化指南》。

进化线索

....

知能，知止

- 真正的学习者，对自己的"能力圈"有极其清晰的认知。

- 当一个人紧紧围绕"能"的部分，收拢、下沉，把最擅长、最有激情、最有意义的事情做到极致时，经过数年或数十年的积累，他一定会有所建树，并在知行合一的纯美境界里与其他领域的高手相遇。

- 深度的谦卑，知道自己"能"的局限与渺小，从而对自己"不能"之事保持敬畏，对看似"能"实则"不能"之事，选择"知止"。

- 先"知能"，后"知止"。这种修炼，需要一个人时时觉察自己内心的贪婪与自大，并妥善应对。

在《穷查理宝典》中，查理·芒格反复强调"市场先生"和"能力圈"的概念：人生中处处与市场先生面对，市场先生存在的目的就是发现人性的弱点，市场本身是所有人之组合，如同所有高手云集于一人之身。如

果你不知道自己的能力边界，一定会被他打败得很惨，
项目失败，丢失信誉、财产甚至生命。[⊖]

如何"知能，知止"

第一步：留白

　　有勇气给自己留白，在宝贵的留白时间中，对自己
做深刻的觉察，真正找到、看见并欣赏"纯粹而饱满的
自己"的光芒状态，才能找到自己真能之事。而做自己
真能之事，会让自己更加纯粹而饱满。

第二步：知能

- 清晰地定义自己能力圈的边界；
- 在这个明确的能力圈中苦练内功，你会获得极大的
  能量和自由；
- 长期势能会如复利增长，你一定会在自己开拓的领
  域收获心得，有所建树。

第三步：知止

- 时刻澄明己心，不贪、不嗔、不躁。

⊖　考夫曼.穷查理宝典：查理·芒格的智慧箴言录［M］.李继宏，
译.上海：上海人民出版社，2010.

- 当有机会来临时，先从反面问自己：为什么是我，而不是别人。
- 事前验尸的方法：如果自己抓住这个机会，但最终全盘皆输，原因可能是什么。

009
对新世界保持好奇和探索

进化时刻

　　Natalie 今年正值本命年，在上海一家网络游戏公司工作了 10 年后，她选择北上，加入了一家位于北京的产业互联网公司，担任创新学院（隶属于 HR 部门）的负责人。在华东师范大学扎实的科班学习和在第一家公司 10 年的历练，让她信心满满："我已经准备好了。"上班第一天，她列席了公司最大的业务部门的战略解码工作坊。在会议中，她看到整个团队的思维模式都被困在运营和现有 KPI 里，没有人真正关心客户体验和客户数据的深入挖掘，也没有人真正从客户增长这个关键议题出发，去定义和拆解问题。会后，她走到业务负责人 Jim

面前，想和他聊聊自己的观察。Jim 翻了个白眼："你们 HR 懂什么？知道什么叫产业互联网吗？你先去补补课吧。"HR 副总裁 Tina 也一脸不快，她把 Natalie 拉到一边，郑重地说："以后要约谈业务老大，先和我商量一下，你看今天捅了个大娄子……"

进化问题

> Natalie，此刻的你，对自己的新身份和新公司有何觉察？

此刻，Natalie 的人生画卷，恰如从凡·高的《向日葵》的油彩向《清明上河图》的水墨开始过渡。海派文化遇到帝都风脉，To C 的游戏公司文化直面 To B 的产业互联网公司文化，Natalie 在原来的组织里沉淀了 10 年，业务经验和做事方法等方面颇有心得，现在需要在新公司从零开始，重新证明自己……

上面的一切恰如 Natalie 的处境。真正的变化，往往如水滴入石般，缓缓地、默默地发生，而新旧世界之间的模糊地带，值得我们细细体察。

威廉·布里奇斯（William Bridges）在 *Managing Transitions* 这本书中，用清晰优美的语言阐述了变革（change）与变迁（transition）之间的区别。变革是外在的、显性的、可见的、快速的；而变迁是内在的、隐性的、不可见的、缓慢的。我们每时每刻都处于变迁的状态，但是人性中的求稳求定的本性，又让我们无法认知到这个简单的事实。而在变迁的过程中，如果我们没有学会觉察并与自己的情绪和想法共处，即觉察到自己正处于变迁的情境之中，那么变革的过程将极其艰辛和缓慢。○

当我们告别旧世界进入新世界的时候，我们会对旧世界有很多的留恋，也会对新世界有很多的期待。当新世界不如所愿时，我们往往会反复比较自己在旧世界里所拥有的和在新世界里所失去的……

比如前面进化时刻中讲到的初来乍到的 Natalie，感受到震惊、愤怒和不解：为什么 HR 在这家公司如此没有地位和价值？为什么我想帮助业务却遭到拒绝？为什么 Tina 不理解和支持我？面试的时候她不是说最看重我贴近业务的能力吗？在原来的公司大家对我如此尊敬，

○ BRIDGS W. Managing transitions［M］. New York：Perseus Books Group，2009.

我和业务负责人可以直言不讳，HR 部门的伙伴之间更是亲密无间。这样的情绪和想法，会触发 Natalie 对旧日的留恋和对现状的批判。

Natalie 先要觉察到自己的情绪，好奇地问问自己：到底发生了什么？我如何从中获得新的发现和启迪？

如果 Natalie 能够更进一步，暂停一下，问问自己：在旧世界里，组织的期待是什么？我的角色是什么？我的感受是什么？再问问自己：在这个崭新的世界里，组织的期待是什么？我的角色是什么？我的感受是什么？这样的提问和视角，会让 Natalie 有机会站在旁观者的角度看到在两个世界的"画卷"上，画风不同、颜料不同、色彩不同，走笔的方式也不同。

如果此刻的 Natalie 可以觉察到自己已经步入新世界，她会更加好奇这家产业互联网公司的发展历程，更开放地观察组织中的每个人，他们为何而来，他们如何互动；更主动地与 HR 负责人联结互信，结为联盟；更谦逊地问询，以了解这个新世界的全貌和真相。

最艰难的是，此时此刻的 Natalie 以及平常的我们，往往在进入新世界时无觉察、不敏锐，总是痴痴寻找新世界中与旧世界相似的熟悉场景，以满足内心的安全感和预期感。由此界及彼界中最难的部分，也是最容易卡住我们的是"中间地带"，在这个中间地带里，我们"身在曹营心在汉"，我们情绪是不稳定的，我们的心智是游离不定的，我们极有可能退回到负面的情绪和旧世界的思考模式中。

中间地带，是两个不同世界和系统的相遇和交融。正如一天中最美的光线在日出和日落时，抑或是融合了艺术与科技两种基因的皮克斯动画，抑或是集结了科学家、生产专家和营销高手的高管团队……

对我们每个人来说也是一样，在人生的某些时刻，我们会步入新世界，这是一段激动人心又磨砺心智的旅程。很多人虽然身体已经进入全新的世界，但在心智模式上仍然带着自己熟悉的旧世界的思维去评判新世界的种种不同，患得患失，留恋过往。

真正的勇者，应每一天如出生婴孩，心涌善意，眼含探寻。他们深知，每一秒钟都和之前不一样，带着这样的觉知，他们心生无限的好奇和欣喜，既能看到两个不同世界的美丽之处，又能欣赏它们融合后的风景。进入新世界有万般方法，接纳旧我，觉察两界之异，才有可能放下预期，放下评判，每时每刻享受新世界之美。

进化线索

- 此刻的你，处在缓慢的变迁中吗？
- 你的旧世界和新世界各有怎样的特点？
- 你需要保持什么，舍弃什么，汲取什么？

010
大道至简

进化时刻

这个故事的主角又一次是我。

2011~2020 年，作为麦肯锡的全球资深领导力专家，我和团队亲自设计和引导了百余场 CEO 与高管团队的领导力工作坊。每一次的工作都是一段震撼人心的旅程，在这些场景中有很多感人至深的巅峰时刻，也有太多遗憾与缺失。

若干年后，当我再遇到那些人与组织时，看到有的人焕然一新，他们的组织也已经在第二曲线上实现突破；而有的人的思维模式仍然在旧世界中停留与纠缠，他们的组织也常常会"新瓶装旧酒"，在轰轰烈烈的战略转型项目结束后很快就被打回原形，内卷惰怠，即所谓的转型失败。

我清楚地看到，这些现象背后的原因，不只是外在资源匮乏或战略蓝图不清晰，而是创始人和团队的心智模式仍然停留在旧世界，用旧的认知解决新的问题，造成了战略落地的卡顿和组织的内卷。

我下决心创立"使命咨询"，希望从组织这个庞大系统的原点——创始人和CEO的使命探寻出发，让他们本人回到原点，从自己的领导力的"高深宽"三个维度实现进化升维，从而带领组织由内而外地发生真正的变化。在创业的第一年，我倾注了极大的心力来研发课程，希望创建一个高远、深邃、宽广而又纯粹、饱满、美好的学习旅程，我将这个课程命名为卓越CEO深度进化场。

2020年9月，卓越CEO深度进化场第一次举办。这门课程吸引了各种各样的学员，有创始人、有HR一把手，有资深的高管教练。通过两天的课程，我们也收获了珍贵的友谊和很多学员真诚的反馈。我自豪地和团队宣布："使命咨询的产品从0到1的阶段已经完成，接下来只要做好品牌的塑造和推广工作，这门课一定可以成为市场上独一无二的 CEO 领导力课程。"

进化问题

> 姝茵，从麦肯锡的专家到使命咨询的创
> 始人，你要修炼什么新的能力？

18 个月后的我，回顾 2020 年 9 月那个信心满满的
自己，发现有太多可以复盘的地方：

- 课程内容太多，在"战略、组织、团队、个人修炼"
  四个维度设计了满满当当的内容，每份学员手册
  就印了 200 多页，结果实际讲授的内容只有原来
  设计的 20%。
- 学员来自各行各业，担任组织里的不同角色，有几
  次讨论会暴露出大家对同一问题存在巨大的视角
  差异和能量落差，从而导致讨论不深入、不透彻。
- 课程结束后，没有组织团队做复盘，没有在第一时
  间通过访谈客户寻求反馈，以便持续优化产品。
- 整个课程的市场营销和招生工作都建立在我以前积

累的人脉的基础上，全程非常辛苦。

- 课程并没有转化为实际的领导力项目。

2021 年 7 月，使命咨询不再是我的独角戏，而是开始演变成一个真正的团队：Willa 热情如火，她是一位洞悉人性的大师，曾经率领多美滋（中国）的 300 多名团队成员勇夺中国行业市场份额的 45%，并在过去 10 年里，帮助无数领导者破茧成蝶。Cathleen 是一位高管教练和团队教练，拥有工程师背景的她，思维缜密、严谨、理性。Lucy 深度研习和实践正念，内心纯净、大气。团队在一起碰撞，挑战彼此，共同打磨产品，伙伴们的智慧流动汇聚成同一股清泉。

2021 年 11 月，卓越 CEO 深度进化场，绽放如莲。16 位董事长和 CEO 在快时代中步入慢空间，回到原点，探索自己的人生使命与愿景，形成了强大的能量场。更为欣喜的是，三位不同赛道的退休董事长，在此深度联结和共创，欣然成为使命咨询新的团队成员。

在课程之后，我带着团队用一个月的时间做了深入的团队复盘和客户复盘，从中惊喜地看到：

- 这次进化场聚焦了一类人群：组织中最重要的角色，16 位创始人和 CEO 齐聚一堂，每个人都是自带能量的强大场域。

- 这次进化场磨炼了一个团队：使命咨询团队深度联结、彼此欣赏、互相补位，营造了一个刚柔相济、美好自洽的场域。
- 这次进化场的课程设计简洁有力：从高远的个人使命、深邃的自我觉察和宽广的视角三个维度，让每个人的内心变得更高、更深、更宽。
- 这次进化场尽享天时地利：上海金秋的桂花，晴朗怡人的天气，500平方米的通透空间，润泽人心的音乐，承载历史的《千里江山图》，为每位CEO定制的印章、毛笔和画轴，大家在午后3点的阳光下宣读自己使命的高光时刻……共同成就了一段不可复制的美好时空之旅。

我既欣喜又冷静，看到这个产品的打磨还在继续，卓越CEO深度进化场还有巨大的提升空间；看到在行业、产品以及渠道方面，使命咨询需要再聚焦才能打磨出对这个世界真正有价值的产品和服务；看到自己的领导力需要提升的空间巨大，从专家转型为整合各方资源的成就者还有很长的路要走。

进化线索

大道至简，任何企业的成功都源于对客户需求的深刻洞察、对竞争对手的全面透视和对自身禀赋的客观判断。只有对这三个核心要素持续地进行对焦、验证和迭代，一家初创企业才能完成从 0 到 1 的迭代进化。具有专家型从业背景的创始人往往在产品研发方面有独到见解，但他更需要从客户洞见、竞争视角和商业模式等多个维度出发，才能与团队群策群力。这意味着创始人要从自己的专业视角中抽离出来，从一个更完整、全面的视角来审视和搭建自己的团队。

011
把干扰转化为潜力

进化时刻

    2021 年金秋的一个清晨，伴随着窗外金桂的香气和一杯绿茶，我和一位新锐汽车公司的董事长以及两位副总裁进行视频会议，大家在探讨后疫情时代公司的品牌定位以及如何落地的问题，会议气氛热烈，大家思绪飞扬。在会议进行到最后的时候，我察觉到视频中的另外两位副总裁一直沉默不语，问道："李总和张总有什么高见吗？"李总和张总面露难色，他们把目光投向董事长，董事长开始看手机，似听非听。那一刻，我听到内心一个评判的声音：你真是多此一举！接下来的一周，我都为这件事懊悔不已。

进化问题

姝茵，这个内心的评判声音，对你是一份礼物，还是一种干扰？

小时候，我的邻居叔叔是一位画家，看着他家里随处可见的油画和颜料，我也跃跃欲试。邻居叔叔给我留的第一个作业是画一本厚厚的素描本。我从画圆形、正方形和圆柱体开始，画了一个星期后，我兴趣索然，他也沉吟良久，对我爸爸说："你闺女没有画画天赋，还是好好学习数理化走遍天下吧……"此后，我就埋头读书，再也没有碰过画笔。

故事没有就此结束，我的大女儿三岁时在家里墙壁上一边涂鸦一边咿咿呀呀，虽然心痛我家那洁白的墙壁，但是看着女儿那沉浸陶醉的样子，我做了半天思想斗争，还是觉得她的探索比墙壁更重要，就随她去了。而后，她便一发不可收拾，还经常让我做她的模特。

有一天，四岁的她兴冲冲地让我做模特，寥寥几笔，一个紫色的妈妈便画好了。女儿充满自豪地问我："妈妈，像不像你？"我虽然觉得不太像，但是为了鼓励她，还是满脸堆笑地说："蕾蕾画得真棒，画得好像妈妈哦。"受到鼓励后，她兴致勃勃，又一口气画了三幅"妈妈肖像"送给我。虽然这一幕已经过去好几年，但是她当时喜悦自信的表情仍在我的记忆中清晰如昨。

在麦肯锡工作时，我经常要主持企业高管团队的战略研讨会或领导力论坛。作为会间休息或开场破冰，我经常让大家试着画画彼此，两人一组，面对面站好，每人手中一纸一笔，用几分钟画画对方。平时衣着光鲜、目光犀利的精英们，此刻都成了孩子，一边画一边笑得前仰后合。作为观察员的我经常一边走动一边"偷听"他们的自言自语。大部分人会说："我不会画画。"有的人念念有词："我画得太差了，你可别怪我。"有的人会很幽默地说："我太对不起你了。"还有的人说："你可别揍我，不是我故意把你画得这么丑……"总之，99%的情况下，大家会哄堂大笑，而笑的原因大部分都是自己画得不像，所以超级尴尬。

这样的工作坊进行了不下100次，每每看到做画时大家的扭捏尴尬，我都不禁回想起女儿自信喜悦的画画状态。我开始深深思考一个问题：成年人对于笔和纸的掌握熟练程度远胜于孩子，为什么画画的状态如此尴尬，而孩子却能喜悦自在。这个现象背后的原因是什么？

一本书让我豁然开朗。书名叫作《身心合一的奇迹力量》（*The Inner Game of Tennis*），这本书的作者是美国著名的网球教练提摩西·加尔韦（Timothy Gallwey）。作者阐述了一个核心理念，即网球场上有两场比赛同时进行，一场是选手和对手的比赛，一场是选手自己内心的比赛。一名运动员的临场发挥，取决于他的"潜力"减去"干扰"，干扰又分为外部干扰与内部干扰，一名运动员内心的自我评判、自我设限和自我否定是他的内部干扰。我们不能控制外部干扰，但是我们可以减少内部干扰。[⊖]

在画画时，孩子可以一心一意、心无旁骛、下笔果断，沉浸其中，享受过程，完全不考虑他人的看法，自然畅快地完成自己的作品。而成年人画画时，往往会犹豫踌躇，拿起画笔之前就对自己有很高的期待，一边画画一边审视评判自己的作品，且特别关心旁人对自己作品的看法。这种企图心、分别心、评判心汇聚成巨大的

⊖　GALLWEY T. The inner game of tennis [M] . New York：Random House Trade Paperbacks，1997.

"内在声音"，一直干扰着他们，让他们不能享受画画的乐趣，反而进入一种被自己和他人审视评判的尴尬心境。就像进化时刻中的我自己，表明上风风火火、谈笑风生，其实内心有个非常强大的声音，一直在评判自己。

女儿大了一些后，我陪她去学习国画。"诲人不倦"的女儿回到家，热情地教我如何画画，我半推半就地陪她玩，女儿画蜡梅，我也坐在她对面照猫画虎。在毛笔与宣纸接触的那一瞬间，我好像被闪电击中了，当看到墨汁在宣纸上徐徐洇开，形成一幅雅致的蜡梅时，那一刻时空仿佛凝固，我有一种醍醐灌顶的感觉……从那以后，我便开始了奇妙的艺术探索之旅。一根水彩笔、一个装着三十六种颜色的水彩盒和一个 A5 的笔记本就是我的全部家当，看着色彩变成线条在一张有无限可能的白纸上徐徐形成一幅美丽的画面，这种喜悦是难以言表的。

我从没有想过自己可以画画，而且画得如此自如。在这种美好的体验中，我看见了自己无限的潜力，也慢慢放下了对自己的评判之心。我清晰地看见，这份评判，既来自儿时外在的反馈，也来自我对自己过高的期待。而画画让我看见，我有无限的潜力和可能，勇敢地尝试，大胆地落笔，纯粹地享受，会让干扰变成礼物。

进化时刻中的我，可以带着接纳和好奇，倾听内在评判的声音，可以慢慢学会与这个声音对话，感谢这个声音对自己的爱护，也试着平复因这个声音产生的害怕和期许。当我可以和内部干扰和解时，我就可以用更放松的心态看待会议上的事，开启自我复盘，甚至可以问问客户的感受，把这次会议当作自己不断成长的礼物以及和客户进一步交流的机会。

　　潜力与干扰，不是非黑即白的对立关系，它们是可以互相转化的。觉察干扰，懂得干扰，接纳干扰，与干扰共处，才能把干扰转化成潜力。

进化线索

回想一个非常关键的、已经发生过的、令你十分后悔或不满意的工作场景（向上级汇报，参加客户的竞标会，内部升迁述职，与关键下属谈话等），把这个场景做慢镜头回放，在那个场景中：

- 你的内部干扰是什么？
- 如果时光倒流，你在那个场景中把自己的潜力发挥得淋漓尽致，会有什么不同的结果，你会有何不同的感受？
- 如果有机会时光倒流，在那一刻你会如何把干扰转化为潜力？

012

无须证明，只要精进

2012 年，刚刚加入麦肯锡的我，既兴奋又忐忑，怀着这样的心情，我加入了麦肯锡的第一个项目。在项目开展的第二周，我负责主持一个项目关键阶段汇报会。会前我精心准备、反复排练，虽然连续熬夜，体力透支，但我还是鼓起劲儿，以最佳状态主持了会议并分享了研究报告的核心观点。会后，客户方的总经理特意过来微笑着和我握手，称赞我在汇报会上的主持和分享，这让我如释重负，感到几天来的辛苦没有白费。客户离开后，一位已经在麦肯锡工作了 10 年的合伙人也走到我面前，寒暄了几句后他话锋一转，温文尔雅却又十分坚定地指出了我在刚才的报告中的文字纰漏和逻辑错误，他说："这样的报告还没有达到麦肯锡的标准，无论客户是否满意，我们都要如匠人般追求极致，不断迭代进步……"我的脑子嗡嗡作响，接下来他说了什么我完全记不得了，内心充满了委屈、愤怒和沮丧……

进化问题

> 姝茵，你为什么加入麦肯锡？是想证明
> 自己还是不断精进？

不知道你是否有过和我一样的经历？ 10 年后，我在头脑中回放这一幕时，看到的是一个没有安全感、时刻在证明自己的我。而在这种状态下的我，让一份本来如此珍贵的礼物，一份来自在麦肯锡修炼了 10 年的同事的礼物，在那一刻变成了刺耳的否定和批评。从小到大，胜利和赞扬是我生活的常态，也是我默认的期待。麦肯锡的第一课让我重重跌倒、心灰意冷。

故事并没有就此结束，在接下来的麦肯锡生活中，我既得到很多同事由衷地赞扬和肯定，也陆续收到很多不请自来的逆耳忠言。我常常在心里嘀咕："我不是公认的麦肯锡全球领导力专家吗，你们为什么还对我这么苛刻？"

直到一件事让我的心态悄然发生变化。那是一位客户和麦肯锡合作的第一个项目，双方还在磨合碰撞中。客户正在经历着重大的战略转型，其组织中有很多盘根错节的能量需要得到厘清和引领。我们在项目的第 6 周需要举行一次重要的研讨会，这次会议既要探讨几个重要的战略议题并达成一定程度的共识，还要就组织目前存在的管理瓶颈进行内观和梳理。此外还要平衡客户高管团队中新兵老将的团队动力，并且让 40 位中高层管理者也有满满的参与感。而这一切，要在 8 小时内完成。

麦肯锡出动了一支"突击队"，团队成员中，有人对客户所在的行业了如指掌；有人对客户组织的内部生态拿捏得当；有人善于设计和引导整场研讨会的走向；有人是 PPT 制作的高手……这次研讨会共彩排了 7 次，和客户方的董事长做了 2 次认真细致的沟通，事先开了十几次关键高管碰头会，会议日程修改了二十几个版本，麦肯锡的"老法师"Maria 也特地从澳大利亚赶来，她的任务是帮助麦肯锡内部团队做好现场反馈和团队建设。万事俱备，研讨会如期举行，会议行云流水，犹如神助，圆满结束。我至今还记得，当时钟指向下午7点的时候，盛夏的余晖还映在房间里，客户的高管团队在董事长的提议下，全体起立，为麦肯锡团队的努力而致敬。那一刻的我，深深地体会到团队的力量，也第一次深刻地意识到，撼动客户组织这个庞大系统的能量，只能靠一个巅峰团队的合奏，而我的能量，只是这个宏大交响乐里的一个音符。

更让我震撼的是特意从澳大利亚飞来的老法师Maria，在整场会议中，她如空气般存在，既没有上台发言，也没有引导讨论。除了麦肯锡团队，房间里客户40余人，没有一个人知道她来这里做什么，而她在这里的唯一目的，就是成就整个麦肯锡团队。我负责整体研讨会的主持，在研讨会开始前，她和我进行了细致的讨论和准备，让我发现支持和引导讨论的终极状态需要一边在"舞池"里跳舞，一边在"露台"上观察整个系统。她还辅导我如何让屋子里的3位麦肯锡合伙人成为我的助教，并善用另外3位高管的资源，让研讨会时而有3个分舞池，时而又汇聚为1个大舞池。而最让我感动的是，她把自己在麦肯锡积累了多年的工具箱中的锦囊向我和盘托出，没有任何保留和私心。在研讨会现场，她笑意盈盈，让我感觉极度安全，给我无限的鼓励；而研讨会间歇，她又会频频反馈，让我及时复盘并准备下一阶段的引导。

Maria 在麦肯锡引导过数百场团队会议，无论是家族企业的动力呈现，还是跨国企业的高管更迭，或是企业战略的聚焦和解码，她都完成得得心应手（或游刃有余）。现在回想起来，尽管当时我引导的状态和手法极其稚嫩，但 Maria 从来没有跳下舞池，直接演出。她就在露台上，静静地观察所有的能量流动和人们心智的碰撞，而对我这个蹒跚学步的引导者，她所展现的爱与支持，对我而言，既是醍醐灌顶的方向指导，也是一次极其珍贵的学习经历。Maira 的澄明和授权，无我和超我，这种成就更大系统的能量和修行，让我重新思考自己为何加入麦肯锡，是为了证明自己，还是修炼成为更好的自己。

这次与巅峰团队的作战体验和与 Maria 的相遇，让我的心态悄然发生了变化：

- 从自以为是，到对自己和大千世界充满纯粹而持久的好奇和探索，看到自己的"知有涯"。
- 从固守已有的成绩和标签，到深信自己可以每时每刻成长和进化。

- 从时刻展示完美的自己，到看到并接纳自己是一个凡人，而凡人就会犯错。
- 从过于在意他人对自己的看法，认为他人都是来评判自己的，到相信他人是善意的，因此对他人的反馈心生感恩。

一旦把心打开，好奇、深信、接纳和勇气便成了我内心的底色，我会发现生活中处处都是自我进步的机会。

比如，当我和团队开完会后，我不再急于进入下一个活动，而是用 10 分钟闭目自问："我对这个会议的初心是什么，我的情绪和状态怎么样，我的行为是什么，我的行为对团队有何影响，我希望以后保持什么、摒弃什么，我应展现哪些新的行为。"

比如，去年我在杭州给几十位创始人讲授了一天的组织大课，现场能量满满，课程好评如潮。会后，我把这 8 小时的授课看成自己的一次电影回放，客观地进行复盘……并主动和会议的组织者沟通，寻求学员的反馈，看看自己在哪些地方需要改进，看看项目组在课程设计上可以如何提升。

又比如，以前一到项目的谈判环节，我就感到无所适从，甚至语无伦次。现在，我不再逃避这种不愉快的体验，而是让"子弹"飞一会儿，过几天再回过头仔细思考那一幕给自己提供了一个怎样的学习和成长的机会。

每天做这样的练习让我既平静又享受。我无须证明自己，只需要每天如匠人般修炼和进步。

一段"证明自己"的人生，从"不能输在起跑线"开始，到幼儿园比较谁的小红花多、小学初中高中谁的学习名次高、大学谁的专业和就业去向好，再到工作后比职位和薪水……至于生活中也有无数的参照系（无论是同学、同事还是邻居）可以比较，这样证明自己的游戏可以无穷无尽地进行下去……而这样的人生给我们带来了什么呢？焦虑、嫉妒、不满、遗憾、不幸福……

而在一段"不断精进"的人生中，我们不需要和他人比较，只需要沉下心来，如匠人一般，关注事情本身的每一个瞬间和细节，沉浸在对每一个场景的反观和自我反省中，以抽离的视角和平和的情绪观察这个过程，并开启下一轮的学习。在这样的人生中我们收获的是自在、坦然、进步和深刻的自我觉察。不断精进的人生态度并不意味着缺乏企图心，而是当我们把注意力聚焦在自己不断提升的能力曲线上时，任何结果都是过程；而当我们眼睛只盯着一次的成败得失时，我们的心态只会阻碍最珍贵的复盘学习时刻的到来。

不断精进的心态不仅可以成就更好的自己，而且背后是成就他人的赤子之心。举例来说，当你用证明自己的心态准备一次演讲时，你势必会担心和焦虑，怕自己讲不好被人笑话，或者怕别人比自己讲得好而对自己失望；但如果你的心态是不断精进，是成就听众，希望自己的分享对听众有帮助和价值，你的心态会更平和，在准备的过程中更会关注怎样组织自己的语言会让对方更容易听懂、接受，有所收获。证明自己的人，不喜欢观众的提问，因为他们希望得到的是一次完美的演讲和可控的过程，不希望有任何意外。而不断精进的人欢迎问题，因为他们会用好奇和探索的心态去倾听对方，并如实回答，如果不知道答案也会坦然相告。证明自己的人会天然地防御和厌恶他人的建议和反馈，认为这侵犯了自己的自尊和形象，而不断精进的人会把自己的情绪放下，真心把对方的反馈当成最好的礼物，并把精力放在如何成就下一次交付的和更大的项目上。

无论此刻你以何种剧本行走在人间，人生终究是一次自我修炼的无限游戏，让好奇、探索、求真成为自己人生的底色，怀着赤子之心，在自我修炼的道路上砥砺前行吧。

　　无须证明，只要精进。

进化线索

- 回顾自己的一天，你花多少时间去证明自己，多少时间去不断精进？
- 如何让你的团队花时间不断精进，而不是证明自己？
- 如何让你的组织花时间不断精进，而不是证明自己？

013
人生成败之"点线面体"

Phony 是一个川妹子，泼辣干练，她原来是一家世界顶级咨询公司的华南区负责人，为很多世界 500 强企业提供服务。5 年前，她跟随内心召唤毅然辞职创业，成立了一家数字化营销公司，聚焦新零售赛道的数字化转型项目。12 月的一个下午，Phony 正在和团队成员做年终复盘，一个大客户方的项目经理发来微信消息："Phony，下午好，我们总部的法务和财务对你们这个项目的交付产品和项目成果有异议，需要延迟项目尾款的支付。望知晓。"Phony 和团队对这个大客户的项目呕心沥血，全力以赴，而且这个项目的成果也是显而易见的，上周在大客户的年会上，大客户方的董事长刚刚给 Phony 和团队颁发了卓越供应商奖。此时，Phony 内心波涛汹涌。

进化问题

> Phony，此刻的你有何感受？这件事情如何能使你的公司未来走得更好、更远、更稳？

人生的每个瞬间都是一个不可改写但可以回放的点；连点成线，就是我们人生的无限场景；连线成面，就是我们人生的主题；连面成体，就是我们的人生在一段时空中所塑造的立体电影……

回放人生无数的点，有些瞬间让我们惬意、怡然、畅爽，有些瞬间让我们艰涩、不适、沮丧。人性往往让我们选择远离或忘记那些艰涩的瞬间，而仅仅把幸福瞬间作为岁月静好的留念。殊不知，在那些看似令人生厌的点的背后可能是一个广阔美好的立方体，一旦能在一个点上实现自我的觉察、暂停和挪移，我们就拥有了改写自己人生的"点线面体"的能量，从而走向极度自由，并有机会体会到自我进化的喜悦。但可惜的是，在这些艰涩的瞬间中，人们常常被情绪的洪流带走，失去了在这些绝佳时刻中做静思、复盘和精进的机会。

在前面进化时刻的那个瞬间，Phony 感到巨大的惊讶、不解、委屈和愤怒。她感到一阵胸闷和胃痛。惊讶的是客户对她和团队的成绩如此认可，怎么会做出这样的决定？不解的是她和团队与客户总部一直沟通顺畅，对方过去几次的付款也非常及时，这次难道是因为总部换人了？委屈的是她对这个项目倾尽全力，所付出的时间和心力已经远远超出项目建议书中所罗列的，难道客户感受不到吗？愤怒的是微信中的项目经理措辞强硬，没有给她留有任何回旋的余地，这让她感到不受尊重。她立刻和团队分享了这个消息的微信截图，并宣布以后再也不服务这家公司！

很明显，此刻的 Phony 被困在一个点里，困在一个让她极其不舒适的瞬间，被强大的情绪所裹挟。她的智慧无法流动，巨大的负面情绪控制了她，让她动弹不得。一条短短的微信消息，成了一个巨大的威胁信号，让她进入"战或逃"的本能应对模式。

让我们想象一下，10 年后，一个成长得更有智慧的 Phony，会在这个瞬间有何感受，又会如何应对呢？

10 年后的 Phony，拥有更敏锐的自我觉察能力，她可能还是会有情绪涌动，但是，她可以在第一时间觉察这样的情绪，悠然转身，以一个立方体的视角来观察处于一个点的自己。站在人生立方体的高度，她可以看到，这个瞬间其实是一次极其宝贵的学习机会。这种觉察和抽离的能力，能让她从情绪的洪流中退出来，攀上一段平缓的站到半山腰上，回看洪流中的自己，然后智慧才会涌现。

10 年后的 Phony，对发出微信消息的客户，不再评判和愤怒，而是心生感恩，理解对方的意图，并把对方当作一个了解真实情况的资源和渠道。

10 年后的 Phony，会从微观视角中抽离出来，思考自己的公司在项目管理的体系建设方面有哪些地方需要全盘梳理和提升，这样可以让自己带领的团队可以更好地应对同类情况。

对这个瞬间，Phony 做了三个方面的视角暂停和转

化。对自己、对对方、对这件事。在这种抽离和悠然的
状态下，Phony 可以从三个维度问自己：

维度一：我自己

- 此刻我处于什么状态，我希望拥有怎样的状态？
- 我可以从这件事情中学到什么？

维度二：对方的项目经理

- 谢谢对方的时间。
- 如果知道对方怀着善意写下这条微信消息，我会有何不同的感受。
- 如果我是他，那我写这条微信消息的积极意图会是什么。

维度三：自己公司的组织能力

- 如何建立公司系统化的项目管理能力？
- 如何设计更科学的项目管理流程来降低此类风险？
- 如何将项目的交付物明晰化，对项目过程关键节点的确认等环节与客户做沟通，并出具相关的支持文件？
- 针对此类客户，如何借助本公司法务部门在合同条款、谈判以及诉讼方面的支持？

想要在这三个维度进行上述思考，需要智慧的Phony 先在那个瞬间把自己和自己的情绪剥离开。只有对自己的情绪有极其敏锐的觉察，才能暂停，从而抽离出那个瞬间，在更大的时间和空间维度获得思考和选择的能量。未来，当 Phony 遇到类似的情况，就不会被困于一点，而是可以从容地跳出在单一的点中自己的强大惯性，扭转点的走向，在下一次点来临时，将点连成一条新的学习曲线。

　　由点到面的自由切换，绝不是一蹴而就的。有些人在单一维度的拓展中会踌躇不前，这里面有多种原因。但究其根本，是因为在我们每个人熟悉的舒适区和新鲜未知的学习区之间，有一个隐形的软性区域，叫作"恐惧区"。当我们在每一个"点"上进行新的尝试时，一定会经历大大小小的失败，而失败给我们带来的挫败感、脆弱感、无力感、无价值感会让大部分人选择逃避退缩、僵在当下或愤怒反抗，而这些反应都无助于我们进入学习区，无助于我们真正地驾驭和拥抱这次学习的机会，无助于我们在看似没有其他选择的一个点中扭转乾坤，拓展出一片崭新广阔的选择空间。

　　而在这个时刻，最关键的是我们视角的转化：从点看到线和面。如果我们的人生角度仅仅是一个点，那么我们在某一个点上的失败是不可扭转、无法挽回的。但如果我们能从三维的角度看待人生，那么每一个单点的失败和成功都是中性的、有价值的、有续写和改变的可能的。

然而，时空的限制让我们在每一刻只能处于一个点，那时那刻需要面对的人与事，如果我们不能在思维层面抽离，从三维的角度看透点的本质，那就只会被单点的一城一池之得失所困扰。

深读《孙子兵法》，我们会发现，孙子对于成功的考虑从来不是从微观着眼的，而是从大局着眼，对敌我双方的"道天地将法"进行冷静客观的判断：主孰有道？将孰有能？天地孰得？法令孰行？兵众孰强？士卒孰练？赏罚孰明？吾以此知胜负矣。在进行大势判断时，孙子一定不是盲目怀着必胜之心，而是怀着睿智、冷静之心，因为一旦真正进入战争状态，就是"兵者，国之大事，死生之地，存亡之道，不可不察也。"

人生也是如此，一次次的事件，无论是成功还是失败，都是在给我们无数次珍贵的机会，去回答一些基本的人生问题："我是谁？我来到这个世界的使命是什么？

我和周遭的关系是什么？这个单点事件的意义是什么？这个事件与我坚信的价值观和使命的关系是什么？"当我们越清晰自己的内心，我们对外界事物就越淡然超脱。我知道，这个点只是塑造我宏观人生立方体的一个瞬间，在微观层面我仍然会认真对待这个点，但我不被它的结果所羁绊。

放眼世界，无论是咨询界的麦肯锡"教父"马文·鲍尔，还是投资界的巴菲特、查理·芒格、瑞·达利欧、喜马拉雅资本的李录，抑或是企业界的谷歌、苹果、腾讯、网飞、亚马逊等公司的创始人，抑或是文化艺术界的吴冠中、梅兰芳、齐白石、张大千……这些伟大的生命无不在点线面体间腾转挪移，不论成败，都砥砺前行。而此刻的你我，也可以在成败的点线面体间从容穿梭。

进化线索

自我成长，要从细微之点开始，接近和觉察那些让自己不舒服、不熟悉，有艰涩感、磨砺感、刺痛感的人生瞬间。虽然人性的趋利避害，让我们天然远离或忘记这些"点"，但是，这些点背后是一个个广阔的立方体，一旦能在人生的一个个瞬间实现自我的觉察、暂停和挪移，我们就拥有了改写自己的人生"点线面体"的能量，从而走向极大的自由，并体会到自我进化的喜悦。

014
无用之用

进化时刻

艾德（Ed Catmull）创立的皮克斯动画工作室（以下简称"皮克斯"），在世界上众多动画工作室和动画人心目中，犹如王冠上的钻石般璀璨夺目。皮克斯大学，是皮克斯的创新之泉。艺术与电影制作课程构成了皮克斯大学的核心部分，有趣的是，皮克斯大学还提供其他课程，包括绘画、速写、雕刻、电脑编程、表演、即兴表演、真人实景电影制作、瑜伽、芭蕾还有肚皮舞。这听起来是不是匪夷所思，为什么一家动画片制作公司开设如此多样的与业务不太相关的课程？

进化问题

艾德，作为皮克斯的创始人，你为什么会安排那些看似"无用"的课程给皮克斯的员工？

在凯伦·派克编著的《创造奇迹：皮克斯动画工作室幕后创作解析》一书中，提到了皮克斯创始人之一约翰·拉赛特的一段话："我和艾德都觉得，学无止境。皮克斯动画工作室的一大优势就是这里集合了受过专业训练而且技术能力过硬的艺术家和动画师，同时还有一些来自计算机技术部门的技术工作者。所以，我们想让更多的艺术家去了解技术，也希望技术人员可以更多地了解艺术、雕塑、表演类似的东西。我总是觉得，皮克斯动画工作室是好莱坞和硅谷的完美结合，那是因为在皮克斯大学，艺术和科技之间的分界线变得模糊不清。我们发现一些技术人员具有令人赞叹的艺术天分，而一些艺术工作者在技术方面也一点就通。"在皮克斯大学，艺术和科技的无界之美，来自创始人对于人性的尊重和对于潜能的深信。只有拥有不同背景的各路人才的彼此相遇和联结，皮克斯的创新之泉才能源源不断。而看似无用的学习体验，会让人与人在生命的不同领域突破自己的界限，从而让组织的艺术与科技的跨界成为可能。⊖

我在生活中也会做很多"无用"功。

我会花整个下午，慢慢徜徉在上海最美的武康路上，仔细观察树光叶影，把自己当成初到此地的游客，用镜头记录随处可见的美丽瞬间。我在摄影时构图的简单与聚焦，如同我在做组织战略时的锋利与专注。

我会造访美丽的茑屋书店，体会到建筑之美，始于留白。

我会倾听几百遍贝多芬交响曲，感受交响乐团行如一人的纯美之境，由此联想到组织的创始人和 CEO 如同指挥，倾听比命令更有力量，进而研发出"交响乐遇到领导力"的跨界体验课程，把领导力的课堂融入交响乐团的演奏中，让每个人都如沐天籁之音……

我会速写上海的天际线，思绪穿越到 1999 年，我初到浦东时对这片热土的印象，思考一座城市近百年的永

⊖　派克.创造奇迹：皮克斯动画工作室幕后创作解析［M］. Coral Yee，译.北京：中国青年出版社，2014.

恒精神，和摩天大楼的设计师隔空对话……

我会在敦煌的壁画中听到谭盾的《敦煌·慈悲颂》，看到《敦煌：众人受到召唤》这本书中每一个鲜活可爱的生命，体悟到他们为何在这苍茫大地上倾注一生……"敦煌定若远，一信动经年"⊖。

我会在游泳时戴上水下耳机，体会水中太极的感觉，舒缓稳定的状态会让我在急速自由泳的时候，身体没有损耗，肌肉完全放松，呼吸从丹田升起，四肢节奏和谐，与水合为一体……这与主持一场高能量的研讨会时我的状态如出一辙，越放松，越放空，场域就越流动……

我会在和女儿玩石头时灵光一现，看到无数块石头连成一个流动的圆环，继而设计出"石头的流动"这个团队拓展游戏，和很多企业家"玩"出很多领导力的体悟……

我会在乌鲁木齐的路上偶遇一间茶坊时，和茶坊主人探究紫砂壶的制作过程，进而看到电窑和土窑烧出的茶盏的本质不同，一个是千篇一律的流水线产品，一个

⊖ 《生活月刊》.敦煌：众人受到召唤［M］.桂林：广西师范大学出版社，2015.

是鲜活的、有瑕疵但有灵魂的雅器……

如果你有机会前往位于上海徐家汇的钱学森图书馆，你可以看到陪伴钱学森一家的乐谱与乐器：钱学森与夫人蒋英在周末时常常举办家庭音乐会，一个人弹，另一个人欣赏。他说："正是音乐艺术里所包含的诗情画意和对人生的深刻理解，丰富了我对世界的认识，让我学会了艺术的广阔思维方法。是音乐让我避免死心眼、避免机械唯物论，想问题更宽一点、活一点。"

如果你有机会时光穿越到乔布斯从里德学院退学的那一年，和他一起去旁听书法课，你将看到乔布斯如何全身心地着迷于书法和字体设计。在给苹果设计最初的手册时，他仔细地研究了索尼的手册中所使用的字体、排版，以及纸张重量。在设计第一台 Mac 的外壳时，他又在苹果的停车场里徘徊，研究德国和意大利轿车的车身设计。所有这些追随直觉和好奇心的无用之用，都塑造了乔布斯独到的审美视角和伟大的苹果公司一次次的匠心之作。

如果你有机会翻开达尔文和达·芬奇的传记和他们的手稿，你会看到他们音乐家、建筑师、生物学家、工程师、医生、天文学家的多重身份……

硅谷的传奇人物比尔·坎贝尔，在 76 年的生命中，影响了包括乔布斯在内的上千位硅谷的企业家和高管，他一直强调：一位成功的企业家和企业高管，首先是一个完整的人（whole person）[⊖]。而一个完整的人，拥有无限的潜力，可以在多个维度上绽放光彩，全面地触碰和感受这个美丽的世界。

一个完整的人，不仅仅是社会赋予他的种种标签。一个完整的人，有机会像哈佛大学教授霍华德·加德纳描述的那样，可以在语言智能、数学逻辑智能、空间智能、身体运动智能、音乐智能、人际智能、自我认知智能、自然认知智能这八大空间腾转挪移。

世界本为一体，我们要用完整的心、脑、眼去探索和体会……而当我们能跨越"自我标签和自我设限"，把自己当成一位音乐家、艺术家、太极大师、摄影师、电影导演、建筑设计师，去全身心地体会这个世界时，我们会对"无用之用"有新的感悟和发现。

⊖ SCHMIDT E，ROSENBERG J，EAGLE A. Trillion dollar coach：the leadership playbook of silicon valley's Bill Campbell［M］. New York：Harper Business，2019.

进化线索

- 每周给自己一个小时，让自己完全沉浸到一个新的角色中，再以这个角色的新视角，去观察和体验自己经常做的事情或经常去的地方，看看有什么新的感受和发现。
- 作为 CEO，你的业余爱好是什么，这些爱好如何成就你？
- 作为 CEO，你是如何持续激发组织中各个层级员工的创意灵感的？

015

放下小我，真途方现

Albert 今年刚刚从大学毕业，过五关斩六将，他得到了某在线商学院销售工作的入职资格，朝气蓬勃的他暗暗决心要在第一份工作中大展拳脚。他在第一个季度的销售目标是 50 万元，为此他制订了详细的工作计划，包括每天拜访几家客户，每周如何复盘和跟进，如何提升销售转化率……

上周，一位好朋友给他介绍了一家医药物流公司的培训负责人夏梦。这真是一个极好的机会！他兴冲冲地约夏梦见面，还拉上他们团队的销售负责人邱总一同前往。会议开得很顺利，Albert 口才非常好，整场会议他感觉自己占据了主导地位，让客户看到了公司和产品的优势。会议结束后，他和邱总走出办公室，一起打车回公司。邱总在销售领域已经深耕 10 年，Albert 兴冲冲地问他："邱总，您觉得今天的会议开得怎么样？"邱总没有接话，他笑眯眯地问道："如果你是夏梦，你最关心什么？"Albert 陷入了沉思……

进化问题

> Albert，你此刻的感受是什么，你如何回答邱总的问题？

麦肯锡新员工入职培训为期一周，有大量的案例分析和角色扮演内容。而在这一周中，麦肯锡强大的讲师团队从始至终会反复强调一个核心理念：要想为客户创造真正的价值，一定要先放下种种小我意识，也就是英文所说的"Release your agenda"。这些小我可能包括"证明自己很牛""赢得客户好感""拿下项目订单"……

离小我越远，思考疆域就越广阔，身体行为也就越轻盈自由；离小我越远，人与人就会越晶透、越深度地联结；离小我越远，就越容易看见系统，继而探索真相。

觉察小我，认可它是自己的一部分；感到被小我卡住的时候，暂停，不防御，轻盈地送走它；在每一次关键互动前要设定自己的正念，让自己的状态如雨后青竹般坚定而澄明。

前面进化时刻中的 Albert，内心就有一个强大的小我：

"我要拿下这个客户！"

"我要完成销售目标！"

"我是最棒的销售！"

"我要让邱总看到我的能力！"

……

这些底层的心态，就像电脑的 CPU 一样，在无形中左右着 Albert 的一言一行……

在整场会议中，80% 时间都是 Albert 在侃侃而谈，他没有注意到夏梦的点头仅仅出于礼貌，也没有问夏梦任何问题；离开房间时，他甚至不知道夏梦才到岗 1 个月，而且由于今年疫情严重，对方公司已经把所有的培训预算全部"砍"掉了。夏梦的任务就是搭建一个内部小程序，建立公司自己的在线学习系统……Albert 也没有善用资源，比如虚心听取邱总的意见，他请邱总参加会议的主要目的是撑场面。他在出租车上问邱总意见，也只是期待听到对方的表扬……其实邱总在会议中记了很多笔记，正准备会后给 Albert 一些反馈。

如果此刻时光倒流，让淡定而智慧的邱总来主持这次会议，他会如何做呢？

首先，邱总会在会议进行前对这家医药物流公司进行细致的调研，了解其核心产品和服务，以及客户的评价；会带着好奇心，看看物流行业的整体趋势和这家公司在医药物流这个细分赛道的表现；还会试着把自己代入这家公司，思考一下如果自己是公司的 CEO，此刻在业务上最需要解决的问题是什么。其次，邱总会和介绍夏梦的那个朋友聊聊，打听这家公司管理层的情况，看看能不能接触到这家公司在员工培训和组织能力建设方面的关键决策人。再次，在会议现场，邱总会不带任何预设，纯粹而平等地和夏梦对话；会特别细心地倾听，谦逊地问询夏梦，作为培训负责人，她对这家公司业务的观察和见解，以及她今年开展公司培训工作的思路和进展；也会热情地分享疫情期间其他行业和客户在组织能力建设方面的思路和方法，帮助夏梦打开思路。最后，在会议结束前，邱总会把自己公司在线商学院的明星课程试听卡作为礼物送给夏梦，也会诚挚地邀请夏梦加入一个干货满满的企业大学负责人微信学习群，和行业内的同行者一起学习。

当然，在实际情景中，邱总参加会议最大的目的是观察 Albert 是不是可塑之才，并给他真实中肯的反馈，让 Albert 成长为一名优秀的销售人员。只有邱总放下小我，带着成就 Albert 和客户的初心，他才会展现出以上行为。他在会议中没有打断 Albert，而是让年轻人展示自己，在出租车上，他也是从一个善意的问题出发来启发 Albert 自我反思的。

在人生的无数场景中，有无数个节点会因为一个人的初心和状态发生改变。如果 Albert 仅仅把自己定义为一名销售人员，把这次与夏梦的会面当作完成自己销售目标的一个动作，那么这样的心态已经决定了这次对话的价值和效果。但如果 Albert 把自己定义为一名学习者和助人者，把这次与夏梦的会面看成更好地了解物流行业的一个机会，也希望能对夏梦有真正的了解和帮助，并利用这次机会向邱总学习，那么 Albert 收获的可能不仅有夏梦的信任，而且有她背后组织这个复杂系统的真实信息，以及邱总的谆谆教诲。

进化线索

如何才能放下小我呢？

首先，要肯定和拥抱小我，我们生而为人，每一刻身上都有小我和大我，小我是我们的一部分，亲近、可爱、自然、生动。Albert 的小我背后，是一个希望被人认可、被人赞扬的小孩。难道我们年轻气盛之时不都是如此吗？看到小我，认可这种能量，才能有余力看到更大的风景。

其次，在每一次关键互动前，主动花时间诚心正念，为自己接下来的行为设定正向意图 (set good intention)。这个意图一定是利他的、感恩的、好奇的、充满探索的，这样的意图会让思考如水般清澈流动，不固执、不呆板。设定这个意图的时候，可以通过几个深呼吸，短暂地冥想或观察一个美好的器物，让自己诚心正念。

例如，Albert 可以在下次客户拜访前问自己：

- 这次会议对我的价值是什么？
- 这次会议对客户的价值是什么？
- 这次会议对邱总的价值是什么？

进化时刻

杨洋是一家跨国企业中国区的研发负责人，疫情期间大家都在居家办公，工作和生活早已没有了界限，他参加的很多会议都在半夜。杨洋白天管理中国团队，下午和欧洲团队开会，晚上还要和美国团队开会，每天的睡眠时间不足 5 小时。一天早上，杨洋起床时发现自己动弹不得，他暗自思忖：颈椎的老毛病又犯了。在家里的按摩椅上，杨洋开启了这一天的晨会。

睿群今年正值本命年，刚刚晋升为 M 公司全球合伙人，他是公司出了名的劳动模范，一天日程满满当当，穿梭于十几个电话会议，或者一周内在北、上、广、深间"打飞的"。这天，他腰上起了一串小红疹，很痛，去医院检查才知道自己得了严重的带状疱疹，医生给他开了些药，嘱咐他在家静养一段时间。睿群把药塞进公文包，又踏上了复兴号高铁。

小冉是公司的新晋项目经理，最近在负责一家公司灯塔级别的项目。这天是周五，她正在参加"战略思与行"的公司培训。午休前，课程教练叮嘱大家中午一定要好好休息，以便下午以充沛的状态参与一个极其烧脑的商战模拟活动。午餐时，小冉被项目组邀请电话接入一个重要的客户需求对焦会，45分钟的头脑风暴后，小冉匆匆咽下午餐回到培训现场。在下午的商战模拟环节，她脑子一片混乱，什么也没有听进去……

李然是一家互联网公司的资深总监，新年伊始，他给自己立了两个目标：体重减到100千克，年薪升到100万元。最近公司的火星项目要求全员参与，李然更是全力以赴，周一早晨他喝了杯咖啡就一口气连续开了3个会，中午时分，他只咬了一口三明治就急匆匆地跑到健身房开始健身。结果眼前一黑，不省人事……

Coco 初为人母，宝宝刚刚 4 个月大。Coco 所在的公司非常人性化，可以让她休完产假后按照自己的节奏灵活选择工作时间，每周工作 3 天或者 4 天，或者全职回归。Coco 不假思索就决定全职回归。上班第一天，头天晚上给宝宝喂了两次奶的 Coco，头还昏昏沉沉的。这天早上她需要赶到城市对角线的 CBD 参加一整天的会议，她带上吸奶器、储奶袋，冲刺般地打上计程车，在车上开始拨入已经迟到了 15 分钟的全球研发电话会议……当晚下班她赶到家里时，孩子已经睡着了，她把储奶袋放入冰箱，打开电脑，继续连线进入电话会议……这一天，她和醒着的宝宝只相处了 5 分钟……

在杭州的南湖科学中心，老鹰已经在星巴克坐了一上午。公司昨天宣布裁员，他是第一批要离开公司的。老鹰没敢告诉家人，这天早上，他仍然像平时一样和家人告别，假装上班。坐在星巴克里，他给自己通讯录里的所有猎头朋友都发了信息，四十不惑，老鹰已经厌倦了组织设计的职业阶梯，但是内心充满焦灼与茫然……4 周后，老鹰加入了老东家的竞争对手公司，入职那天，看着新工牌，他的内心没有丝毫兴奋感。

是什么让人生中的留白如此困难？是什么让杨洋一定要带病上阵，是什么让睿群一定要把自己的日程排得满满当当，是什么让小冉因为项目组的请求而牺牲了自己的午休，是什么让李然在身体已经到临界点时仍然透支自己，是什么让本应享受人生最宝贵的亲子时刻的Coco急于重返职场，是什么让老鹰不想受困于组织的阶梯，却在出了围城之后又急着进入下一个围城？人生的下一幕剧本，我们是书写者，还是被书写的角色？

进化问题

- 思考一下，留白对你的人生意味着什么？
- 畅想一下，在一段完全由自己掌控和设计的人生中，你会在何时何处留白，这样的留白会给你带来什么？
- 为什么留白如此困难？

在万物互联的时代，我们时刻在线，有求必应，争分夺秒……殊不知，人生不是只能冲刺的百米赛，而是可以由我们自己配速的马拉松。很多时候，我们感到身不由己，时代的洪流裹挟着我们一路狂奔。但这不是可持续的无限游戏，长期的奔跑状态会让人身心俱疲，让我们无暇与最重要的人联结；无暇给自己留有时间和空间，去展望和探索未来的路；无暇回看自己的人生电影以做充分的复盘和反思，从而静静关照自己的内心和灵魂……

我们习惯于进入一个个高强度的活动，从中感到自己的存在和价值；我们享受与外界互动时得到的赞扬和认可，我们需要被看见。我们以为，人生的幸福源于我们做得更多，拥有更多；我们害怕，如果不跟随、不追逐，主流就会离我们越来越远；我们认为，无为和休闲是可耻的，人生就该时时刻刻有计划、有产出……

在没有留白的人生中，忙碌奔跑会成为主旋律。我们明白持续奔跑和忙碌是有极限的，却不敢停下。

如果你已经觉察到自己的忙碌和疲惫，如果你希望成为自己人生剧本的第一作者，如果你希望自己的人生多一些从容、专注、灵感，如果你的成功定义不仅仅是外在的光环与成就，你就会有勇气、有智慧、有原则地给自己留白，让思绪漫步，让束缚消失，让灵感流动……让每个人都有机会，根据自己的人生愿景，塑造有自己独特气质、节奏和张力的人生空间。

进化线索

如何给自己留白？

- 每天觉察自己体力、脑力和心力的波峰、波谷，给自己足够的留白以存养修复。
- 每周留出一段放空的时间，给自己一段奢侈的独处时光，沉浸在自己所爱之事中，或阅读，或运动，或琴棋书画，感受生活的美好和真实。
- 在人生迷茫之时，不焦虑、不急躁，感恩遇见这段留白，探索这段旅程……

017
人生的原色与光影

进化时刻

周六凌晨 5：30，当整座城市还沉浸在睡梦中时，译文已经端坐在书桌前，眉头紧锁，凝视着电脑。最近两年，作为蝶变咨询的创始人，他一边带领团队帮助一些金融机构做数字化转型，一边把在项目中自己的所思所想变成文字。不知不觉间《蝶变》这本书的初稿便形成了。华源出版社的总编辑严素正好是他的大学学长，于是他第一时间就把书稿分享给严师兄，希望自己的匠心之作早日出版。就在前一天，译文收到了出版社编辑组的反馈，他们认为这本书的逻辑线不太清晰，理论高度不够，还需要大幅度的修改才能达到出版的要求。此刻，译文凝视着电脑上近 10 万字的书稿，心里愤愤不平：我再联系几家出版社，我就不信遇不到伯乐！

进化问题

> 译文，如果20年后的你有机会和此刻的译文对话，你会说什么？

周日，译文陪女儿去玻璃博物馆看展览，这次的展览主题是光影相随，展出了 4 位欧洲新锐艺术家的跨界之作。译文平时也是一位文艺青年，博物馆是他放松头脑和滋养心灵的休憩之地。这次展览的参观方式很不一样，他给自己和女儿报了一个"博物馆探险"的学习团，由中国美术学院的老师一真做导游，带大家一起游览。

一真头戴贝雷帽，极富艺术气息，她大大的眼睛仿佛会说话。看见大家都到齐了，她说："欢迎大家带着好奇心来到光影相随的美好空间，今天，我们要用眼、心、脑一起感受美好。待会儿要看的展览里会有很多纯粹、浓烈的颜色，我希望大家一边看，一边找到你最欣赏的颜色，我们一会儿会请大家分享。"译文带着女儿，随着一真游走在展览大厅里。

纯粹色彩，万千呈现：

黄色之温暖灵动。
蓝色之缜密严谨。
红色之热烈奔放。

在展览的空旷中庭，蒲团如朵朵莲花，组成一个美丽的圆环。一真停下来，请大家坐下，问道："请问谁知道，刚才这么多漂亮的色彩背后，哪几种是最基本的颜色？"大家面面相觑，一真笑着说："红黄蓝，这三种颜色，被称作原色，也称作基色，是指色彩中最基本的，不能再分解的颜色，也是用来调配万千色彩的基本色。原色的色彩纯度最高，也最鲜艳，就像我们每个独特的生命，生来都具有至纯至真的原色，让我们感到纯粹而饱满、享受而自在、流动而轻盈，充满能量与意义。这样的原色光芒，会给我们无限的能量和定力。此刻，请随着音乐，闭上眼睛，吸气，呼气，和自己最欣赏的颜色融为一体……"

译文闭上眼睛，看见美好温暖的黄色，变成自己人生电影的胶片底色，人生电影的一幕幕徐徐展开：

译文看见小学三年级的自己，担任班级《苗苗周报》的主编；四年级的自己，替老师给全班讲了一节课；五年级的自己，写了一篇小小说；初中时的自己，喜欢在《梁祝》的音乐中作画写诗……

译文看见工作后的自己，在西藏带领 400 名同事在音乐中冥想，与天地共振；给 20 位领导者设计一次奇妙的交响乐与领导力跨界之旅；以 9 种艺术形式类比管理而写成了第一本书……

译文看见自己在图书馆里沉浸在一本本书中，与不同时空的人相遇：李小龙是一位思想深邃的哲学家，日本建筑师安藤忠雄年轻时是一名拳击手，稻盛和夫在深夜拥着正在研发的产品入眠，终得解决良方……

译文看见自己初中时和弟弟在雨中为路人和她的孩子一路撑伞回家，看见自己帮助迷路的小蜗牛回到湿润的草地上，看见自己静静倾听一位刚开始创业的朋友分享他的梦想、失败与心得……

黄色光芒下，译文的人生电影是灵动的、美好的、助人的、自由的、跨界的。

音乐渐渐远去，一真轻柔的声音再次响起：

"我们的原色光芒，极其美好珍贵，值得我们每天观想和欣赏。

我们的原色光芒，极其丰盈不竭，静候我们随时内观取用。

我们的原色光芒，极其智慧稳定，润泽我们于嘈杂中宁静致远。

"每种原色光芒背后又有阴影。这些原色及其阴影，在不同的生命中以及生命的不同阶段有深有浅，有明有暗。有些颜色会在我们的人生画卷中成为我们的生命底蕴，有的颜色会因人因事因情景而变化万千。而不同原色的组合调配，会让我们每时每刻在不同的背景中呈现出千万种状态。

"我接下来会播放另一段音乐，请大家回看自己在人生逆境中的卡顿时刻，看看自己的原色背后的阴影，以及它们之间是如何转化的。"

译文慢慢闭上眼睛，看见了画面中自己经常遇到的卡顿时刻：他看见自己演讲时因过于发散而超时，并忽略了演讲架构和主旨；他看见自己因过于乐观和自信，而忽略事物的风险和人性的弱点；他看见自己因过于关注细节和他人的感受，而忽略公司的整体目标。在画面中，他对周围的人有了新的发现，他发现每种原色的背后都有极深的阴影：

黄色的阴影，能量发散，失去焦点，而易被新奇异景吸引；

蓝色的阴影，顾虑忧愁，思密求全，而失去对宏美蓝图的把握；

红色的阴影，雄心壮志，攻城略地，而忽略对人性的洞察和感受。

音乐慢慢远去，一真说道："感谢大家带着好奇和探索参加这次奇妙的视听盛宴，最后，我想和大家分享，我们团队设计这个光影相随体验的初心。

"人们常常只关注自己身上没有的或欠缺的，也常常习惯从外界标签或评价处获得能量，或随波逐流、人云亦云方可心安。当世俗的尘土让我们心中的原色逐渐暗淡时，我们会感到遗憾、无力和焦虑。而这些低能量的状态往往成为我们日常的开启模式，而我们对此却毫无觉察。光芒背后，必有阴影，看到光芒与阴影的交互映照，看到自己纯粹而饱满的原色两面，会让我们更加理解生命的精妙、矛盾、对立、统一。人性中的阴影往往裹挟着低能量的情绪，让人心生退却，殊不知阴影背后就是光芒，恐惧对面就是热爱。看到阴影，慢慢挪移，光芒自现。当原色在不同的背景之中时，又会延展为新的颜色。对这一动态过程的觉察，会使我们顿悟作为生命个体如何腾挪乾坤，并帮助自己和自己所在的系统做出更好的整合和进化。"

译文此刻豁然开朗，他觉察到自己的写作过于随意而缺乏结构性，出版社的反馈是非常客观和中肯的。他心想：接下来我要组建一支新书评审团，从内容、逻辑、拼写、排版、营销推广、与蝶变咨询的品牌关系等多个维度，一起助力这本书的写作过程。

进化线索

自我修炼的最好时刻就是此刻，自我觉察的最好伙伴就是自己。探寻自己原色的光影，是深邃的自我觉察的起点。

要看见自己的原色，首先要从繁忙奔波的节奏中暂停留白，从自己的人生电影、从挚友的反馈、从榜样的引领三面"镜子"中探索自己的原色光芒。探索自己原色的光芒与阴影，让自己逐渐习得自我觉察的方法，看见方能懂得，懂得才能放下，放下就会释然，释然随之轻盈……越清晰地看见自己"纯粹、饱满、本真"的原色，越清晰地看见自己原色光芒背后的阴影，我们就会越接纳和包容自己。我们对自己的原色越了解，就越能在不同情境下自如地做自己，也越容易在每一个瞬间延展腾挪。

自我觉察有 3 个层次：

- 看见和接纳独特真实的自己。
- 看见和接纳独特真实的他人。
- 看见和接纳独特真实的系统。

018

你是卓越人生的 CEO

进化时刻

　　马可最近几周一直很纠结，走在人生的岔路口，到底是向左还是向右。她刚刚从美国伊利诺伊大学厄巴纳－香槟分校毕业，拿到了电子工程系的博士学位，她的导师非常欣赏她，希望她能留校继续攻读博士后，成为学术带头人。而她是家里唯一的孩子，父母年龄也渐渐大了，看到学长学姐回国发展也不错，她也想回国看看机会。但是出国时间太久，她又听说国内的人际关系相对复杂，在大城市的生活成本很高，生活压力也比较大，她不知道是回到中国还是留在美国。

李翔加入摩根士丹利已经 7 年了，在 IT 部门一直是明星员工。最近他的上司跳槽了，公司 HR 找他谈话，问他愿不愿意尝试带一个 6 人的团队，李翔犹豫道："我可以回去考虑一下吗？"接下来的一周，李翔表面上看起来波澜不惊，心里已经打起了退堂鼓："管人多麻烦啊，我还是做技术顺手一些。"但到了周末，当他参加上海交通大学研究生同学聚会时，看到大家递出的名片，这个是总监，那个是副总裁，心里又有些不是滋味……

　　赵玫在字节跳动做得顺风顺水，29 岁就成了飞书产品线的一员大将。一天中午，刚刚吃完午餐的赵玫接到一位猎头的电话："赵小姐，我的客户是一家总部在杭州的创业公司，它急需一位 CTO，薪资加上股权每年可达 200 万元，你有兴趣吗？"赵玫听到这个职位后心里跃跃欲试，自己正想去商学院读 MBA，到这家公司体验一下创业的感觉也不错！公司转角是一家喜茶店，赵玫遇到了以前的老同事柯心："好久不见，柯心，你不是去创业了吗，感觉怎么样？"柯心摇摇头，自嘲道："一言难尽，我还是比较适合在大平台打工，创业圈里的人身上的草莽气息过重，和我是两类人。"赵玫一听，心里凉了半截。

进化问题

> 马可、李翔、赵玫，你们的前面是未知的人
> 生之路，后面是走过的人生风景。此刻的你
> 们，请凝神静气，闭目内观，在当下你们最
> 想问自己的三个问题是什么？

在我的人生路上，很多朋友都很信任我，愿意和我探讨他们人生或职业道路上的困惑或者重大选择，有的朋友还让他们的孩子来向我讨教。我深感惶恐，因为我的人生经验也极其有限，所以不想越俎代庖，替别人回答他们人生的大命题。因为他们的困惑也是我的困惑——在我的人生经历中，我也同样困惑、彷徨过。

此刻的我，已经步入人生的不惑之年，有些问题仍然没有得到答案，但是我已经开始学会用不同的角度来看待人生这个大命题。谨以此文，和大家分享我看待人生选择的三个视角，希望对你有所帮助。

视角一：你是人生的 CEO

每一天，当你走在自己的人生道路上时，你可以随波逐流，走一条众人公认的康庄大道，也可以听从内心的召唤，探索一条布满荆棘、前程未知的无人之路。在这条路上，没有人可以给你答案，没有人替你制定战略。你为自己的感知、洞见、判断、选择和后果负全部责任。

一位人生的 CEO，会把人生看作一场无限探索的旅程。在这段旅程中，他们不断深邃地洞察自己人生的高光时刻，看见并感知自己纯粹而饱满的热爱、激情和能量，从而看见自己的天赋，以及运用天赋的美好场景，在探索"我想做什么"和"我能做什么"的同时，也会放眼世界，探索这个世界需要什么。想做，来自内心纯粹朴素的涌动；能做，来自对自己能力圈的客观判断和评估；可做，来自对世界的感知和判断。对这三个问题不断求索而得到的答案，就是我们思考和实践人生的旅程。当你想做的、能做的和可做的事融为一体时，你就会在人生的旅程中，能量满满、平静安宁且稳定持久。这样的人生是独一无二的，是可持续的，是不断精进的。

一位人生的 CEO，会不断反思自己的高光时刻和至暗时刻，不断追问自己的使命、愿景和价值观。问问自己：我是谁？我为何来到这个世界？我想成为什么样的人？我坚信什么？我践行什么？这些问题也许在短时间内没有答案，但是求索的过程会让你不断逼近真相，让你在做选择时回到内心的原点，坚定自己的信念，而不被外界的噪声和社会所谓的主流观点影响，也不会因一城一池的得失而斤斤计较。

视角二：你是人生的风险投资家

世界上有一类人叫作风险投资家，他们对世界极度充满好奇，他们观察、探索和洞悉各种涌现的商业新物种，思考和判断这些新物种会塑造哪些新赛道或颠覆哪些既有赛道。他们在已知与未知之间漫步，在独立判断与集体共识之间取得微妙的平衡。他们找到那些在无人之路上跋涉的卓越创始人和团队，对其展开审慎的尽职调查，通过资金和关键战略资源向他们赋能，促使其光速成长，希望这些新生力量能为世界带来真正持久的价值。

风险投资家可以投资多个人生与赛道，在不同的投资组合中博取更高概率的胜算，而人生的风险投资家，唯一可以投资的仅此一生。人生是有限的，你的人生如何度过，这是一个深刻的、极其重要的且不可逆转的投资决策。在做出决策之前，我们需要深刻地面对自己，问问自己希望从这有限的一生中得到什么？

传统的人生规划，会让人们想象一个完美的人生：如何描述这样的人生旅程？这段人生为自己、他人和这个世界带来什么？如何才能让自己拥有这样的人生旅程？这种以终为始的思考，仅仅触及人生终局中可见、显性且令人愉悦的部分。一位人生的风险投资家，往往会换一个思考维度来思考自己的人生。

假设此刻，你的人生已经结束，而此生是一次彻头彻尾的失败人生。请思考一下，会是哪些风险和事件让你的人生失败？把人生中的一些关键事件如求学、交友、婚姻、择业或创业做一个最悲观的情境预设，然后思考一下，可能是哪些原因导致这些事件的失败？根据不同的情境列出所有可能的原因。看看哪些原因来源于外部，哪些原因来源于自己，比如过于乐观、过于冲动、犹豫不决，或是因决心不够而经常浅尝辄止？

这种思考人生的方法叫作"事前验尸"，这个概念是由组织管理学家克莱恩提出的，他发现，很多企业的失败，大多是主要决策人或团队制定了策略之后，因没有人敢反对，而使群体陷入一种盲目乐观，无视这种策略背后的风险，最后导致悲剧发生。于是，克莱恩建议，在讨论重大决策时，应采取"事前验尸"的方法，即一开始先假设这个策略失败，然后大家花10分钟写下两件事：第一，它为什么失败；第二，如何应对这种失败。这种逆向思维，在军队的战前准备会议中也经常用到。在战役开始前的策划会议中，核心团队会假设这场战役失败，大家倒推可能导致失败的原因，并区分哪些是外部因素，哪些是内部因素。找到这些潜在风险后，再一项一项排查自检，力求把风险降到最低。[⊖]

这个练习不会让你感到愉悦或好玩，但是这个练习能让你从风险投资家的角度看待自己的人生，当我们能规避自己能够控制的风险，能把因自己的错误造成的风险概率降到最低时，我们的人生就很可能会更加幸福美满。

视角三：你是人生的董事会主席

每家伟大的企业都有董事会，董事会存在的终极意

⊖ KLEIN G. performing a project permorten [J] . Harvard business review，2007，85（9）：18-19.

义是代表股东，监督和帮助 CEO 以及高管团队在企业的重大议题上做出决策并规避风险。一个优秀的董事会由一批深谙商业之道并有独特视角的董事组成，但最关键的是他们真心地关心这个企业，希望这家企业穿越周期，基业长青。

如果把你的人生比作一家企业，你需要组建一个高效互补的董事会，他们关心你、陪伴你、挑战你、激励你，让你在面对人生重大抉择时能听到洞见，拓展认知，得到祝福。

如果你已经有这样一个人生的董事会支持你，那我要祝贺你。定期问候他们，感恩他们，真心感谢生命旅途中有他们相伴。如果你还没有为自己的人生设立董事会，我建议你环顾四周，看看哪些人让你全然地信任，哪些人让你由衷地钦佩，哪些人的思考维度与你迥然不同。主动接近他们，邀请他们成为你的董事会成员。他们也许会忠言逆耳，但是你知道，最值得信赖的人，最有价值的时刻，往往都不是令人温馨愉悦的。组建一个这样的董事会，让你时刻认清自己，觉察自己，才能得到真正的进步。

我曾经合作过的一位中国领军企业的创始人，彼时他的企业在中国可谓"独孤求败"，他频繁穿梭于各大社交场合，享受人们的赞扬和尊敬，自傲、封闭和惰怠相伴而来。他的私人董事会中有一位智者对他说："我发现你所交往的企业家，他们企业的规模都比你的小，能量不如你，你为什么整天与他们为伍，而不去和高手学习？"这位智者更是巧妙安排这位创始人一起拜访了相同行业的全球顶级企业总部，让他看到更高的山峰。在那一刻，这位企业家新的学习曲线悄然出现。

只有你用心组建能够呵护自己成长的人生董事会，只有你对自己的生命做风险投资家般冷静而深刻的追问，只有你真正成为自己人生的CEO，追寻属于你自己最独特、最真实的绽放场景，不断与内心的愿景和使命联结，你才能知道有何为，有何不为，你才能在人生不同的场景中从容而坚定地做出选择；人生百年之际，你才能真正活出你想要的样子……

希望我的这三个视角可以让你更好地思考人生，活出不一样的精彩。

进化线索

人生百年，千古一瞬，只有你可以赋予你的生命独特的意义。找一个方便静思的地方，凝视内心，试着回答以下问题：

- 我的使命和愿景：我是……，我为……带来……
- 我的人生中有哪三件事情不能做?
- 我希望我的人生董事会包括哪些人，为什么?

019
困境中的勇气与笃定

进化时刻

5 月的一个清晨，细雨缥缈，嘉伟站在窗前，凝视着"魔都"上海的天际线。回想过去的 3 个月，真像是一部跌宕起伏的电影：2 月春节时，他去新加坡参加一个行业投资者会议，正赶上新加坡疫情的又一轮暴发，无数航班被取消，好不容易抢到机票，踏上归国的航班，降落厦门后，又是 14 天的酒店隔离。在酒店的日子，4 平方米的阳台就成了他每天锻炼和放松的场地；熬到隔离期满，终于回到上海，踏入家门，他刚刚想松一口气，又赶上居家办公。每天，嘉伟不但要参加公司的各种视频会议，而且要操心家里的家务事，他感到肩上的担子越来越重。

　　嘉伟是一家激光雷达公司的 CEO，最近，公司的内部和外部情况越来越复杂：公司的新一代产品正处在关键的研发阶段，资本市场的寒冬让公司的融资越来越困难，竞争对手不断追逐、挖墙脚。就在前一天公司研发部和法务部的紧急会议中，嘉伟刚刚得知美国的一家竞争对手恶人先告状，把公司告上法庭，嘉伟立刻指示法务负责人童总组建一个工作组，出庭迎战。这天一早，嘉伟又收到 HR 负责人君华的微信语音消息，君华声音嘶哑，语气沉重："嘉伟总，我们公司的研发副总裁郝总他们快撑不住了，近期研发团队特别不容易！三十几个员工已经在实验室坚守了 2 个月，他们的情绪都很低落……"嘉伟长长地叹了一口气，一时间，他不知道该从何入手了。

进化问题

> 嘉伟，此刻如果可以给这个世界上你最敬佩的智者打电话，你会问他什么问题？

因为疫情，今年的元价值大会改为在线上举行，这一盛会是嘉伟每年特别期待的活动，很多志同道合的科学家和投资人云集于此，是一场思想的盛宴！今年，嘉伟的角色有所不同，他不仅作为演讲嘉宾要做 30 分钟的分享，还要主持一个圆桌讨论，讨论的主题是"韧性领导力"。今年资本的寒冬猛烈而漫长，大会组委会希望用这个环节给大家鼓鼓劲。元价值大会的组委会主席书墨是嘉伟的师兄，他一直是校园的风云人物，在学校时不但学习好，而且特别有号召力。毕业后，嘉伟潜心科研和商业的跨界探索，书墨则一直在投资界修炼自己，于 5 年前成立了元价值长青基金，聚焦用资本赋能黑科技的独角兽企业。书墨约嘉伟这天晚上 22：00 视频聊聊大会日程具体安排和分工。

　　晚上 22：00，嘉伟如约而至。屏幕前的书墨，一如既往地透着斯文和睿智，他的背后是一排书架，上面密密麻麻地塞了几百本书。嘉伟顿生好奇，问道："师兄，你最近在看什么书啊？有什么好书推荐吗？"

　　书墨来了精神，他顺手从背后的书架上抽出一本书："师弟，我们上次在机场碰面，不是一起买了一本书吗？

书名是《沙克尔顿的领导艺术》(*Shackleton's Way*)。100多年前，沙克尔顿这位老兄带领27名队员，在南极探险，九死一生，20多个月，跨越3000余千米，最后这支队伍全员安全返回。你有时间看看这本书吧，你一定会喜欢的！"隔着屏幕，嘉伟看见书的扉页上一行字映入眼帘："By endurance we conquer"。（坚忍之心，征服一切！）

深夜，嘉伟沉浸在书里的一幕幕场景中，仿佛看见自己成了沙克尔顿团队的一员：

在零下26℃的严寒中，"坚忍号"的船体颤抖呻吟，舷窗碎裂，甲板扭曲开裂。在这种压倒性的巨大力量面前，船员们感到震惊与无助！沙克尔顿尽管也很沮丧，但从未表现出来，只是极力展现着幽默与希望。有一天，他出人意料地与沃斯利船长伴着口哨声在浮冰上跳起了华尔兹，那一刻大家忘记了困境，笑意浮现在每个人眼中。弃船后，所有人被迫露营，帐篷和衣物被抢救出来，但是睡袋不够。沙克尔顿带领军官们选择了羊毛睡袋，把保暖性更好的毛皮睡袋让给了普通船员。当所有人在刺骨的寒风中躲进帐篷内避难时，沙克尔顿在黑暗中缓缓地走来走去，此时，他正在思考下一步的行动。面对

27 条生命，他如何制定下一步的策略，如何继续与死亡抗争，如何鼓舞团队士气。[上]

嘉伟眼眶湿润了，沙克尔顿就像一面镜子，让他深刻地反思自己。他看见在疫情中，自己被焦虑和忙碌所裹挟，只盯着业务，而忘记了关心和鼓舞团队。他眼前浮现出自己创业时和团队度过的一幕幕场景：每天 7∶00 研发部的郝总都会雷打不动地出现在办公室，中午累了就在办公室的沙发上蜷缩着休息一会儿；自己结婚时的名牌西装是童总送的，而童总自己一年四季就是一件 T 恤和卡其裤；居家一周后，君华联系了家乡的朋友，给每位员工送菜到家……他看见每个团队成员的闪光点，看见大家一起前行的那份笃定和坚韧，瞬间，嘉伟感到自己充满了巨大的力量，更感到了自己肩上的责任。

清晨，他在高管团队所在的微信群给大家留言："这段时间大家辛苦了，我们今天晚上 20∶00，云聚会！不见不散。"

[上] 珀金斯，霍尔特曼，墨菲.沙克尔顿的领导艺术：危机环境下的领导力：2 版［M］.冯云霞，笪鸿安，孙怀宁，译.北京：电子工业出版社，2013.

进化线索

在危机面前，每个人都感觉很糟，但是卓越的 CEO 别无选择，勇气和责任让他们逆行迎战。他们恰如竞技场上的勇者，对结果有无限的责任，对过程有有限的控制，当面对外在的巨大不确定性和团队的迷茫恐惧时，他们不会裹足不前，而是笃定地带领团队和组织继续探索无人之路！此刻，团队在一起展现出的勇气、信心和相互鼓励，千金不换。

请回想上一次危机时刻你的状态，用 1~10 分给自己打分。深入反思自己在危机下的应对模式，并不断进化。

- 我的勇气有几分？
- 我的笃定有几分？
- 我的冷静有几分？
- 我的聚焦度有几分？
- 我的团队鼓舞力有几分？

团队篇

020
真实的团队才有力量

　　潘浩是业界的一个传奇。他用了 12 年时间，把德友互联的营业收入规模从 50 万元做到了 150 亿元。在刚刚结束的公司董事会上，潘浩给投资人描绘了对未来的宏伟蓝图：公司的第一曲线会继续上扬，第二曲线的新业务会在一年内实现从 0 到 20 亿元的营业收入突破。团队信心满满，投资人也纷纷继续注资。带着这样的豪情，潘浩参加了博鳌企业家年会并进行了主题演讲，看着台下济济一堂的企业家们崇敬专注的目光，潘浩感到自己仿佛在云端漫步。

　　在武汉光谷德友互联的"喜马拉雅"会议室里，负责公司第二曲线创新业务的李建功和刚刚组建的团队正在开项目启动会。李建功大学毕业就加入公司，是公司的 002 号员工，也是潘浩的左膀右臂。最近他很苦恼，公司的第一曲线业务如日中天，没有业务骨干愿意加入创新业务，很多资源都沉淀在公司总部 21 楼的行政楼层，他调动不了。他准备找时间和潘浩聊一聊，但是转念一想，还是先干一段时间再说吧，以潘浩的个性，在这个节骨眼去找他就等着挨骂吧。

上海华尔道夫酒店的宴会厅华灯初上，潘浩应邀参加《财富》杂志举办的"灯塔工厂"论坛，来自美国田纳西州的 Lightspeed 公司的 CTO 正在分享他们团队过去 15 年在灯塔工厂领域的探索和实践。听着听着，潘浩的脸色越来越凝重，他看见 Lightspeed 公司已经跋涉在登顶的路上，自己的公司却连半山腰还没达到。他拿起手机，拍了一张论坛的投影，发到公司高管所在的微信群："明天上午 7：00，到我家餐厅，大家带好电脑。"群里无人回应。

进化问题

潘浩，公司正处在战略和组织转型的关键阶段，作为创始人，你要如何进行自我提升？

十一月的落基山脉北段，层林尽染，雪山巍峨，夕阳为俊美的山脉披上了一层金色的薄纱。一群年轻的中国游客，风尘仆仆地从万里之外的武汉光谷赶来，迎接他们的是已经 72 岁的营地酋长。长老用印第安人特有的欢迎方式紧紧地拥抱了每一位客人，笑容融化了他古铜色脸上的皱纹，也驱散了游客们的旅途劳顿。潘浩最后一个下车，他和长老紧紧拥抱，长老的宽厚慈祥给他如父亲般的感觉。5 年前，潘浩和家人在加拿大旅行时与长老结缘，之后每一年都来这里静修。今年，他带着公司的高管团队来到这里，长老感到潘浩心事重重。

晚餐就在长老自己搭建的帐篷里进行。他慈祥地看着潘浩，目光清澈透底，仿佛能读懂潘浩的心。推杯换盏间，长老看见潘浩的鬓角已经开始泛白，团队里的年轻人们面容朴实青涩，很显然，在这个团队里，潘浩是大哥，小伙子们对潘浩更多的是敬仰和服从，少了些平视和交流。长老从潘浩身上仿佛看见年轻的自己，他默默地注视着他们，期待接下来的自然之旅可以启发潘浩及其团队。

第二天清晨，潘浩和团队背起行囊，向落基山脉深处徒步而行。这是一次禁语之行，没有城市的喧嚣，没有手机的蜂鸣，在每一步中，每个人都慢慢回望内心，开始与真实的自己对话。

大自然是最好的老师，此时此刻正以最朴实、最直接的方式，默默地启发着人生路上的每一个人。

潘浩仿佛回到了童年，落基山脉的山路让他想起了故乡。

昼夜交替，让他看到事物两极的相融，看到光明与黑暗本为一体……

秋叶归土，让他知道生命终结的必然，更珍惜此刻活出生命的意义……

川流江河，让他体会灵动自在的状态，清泉来自万物，又润泽万物……

奇石凛冽，让他欣赏万年前地质变迁留下的痕迹，大自然的每一次创造都如此不同……

苔藓松针，布满山路，海拔越高，植被越松软，如大地母亲的秀发与肌肤……

大自然让他感到无比真实，一草一木，每日在光电雨露中笔直挺立，无须证明给任何人看……

大自然让他感到谦卑，和神秘的古树、深邃的溪流、巍峨的群山比起来，个体只是匆匆的过客……

大自然让他惊艳，前一秒云雾缭绕的山谷，瞬间变得清澈可见千里之外……

这一切让潘浩感到真实的大自然，恰如真实的自己。

晚餐时光，长老让每个人讲述一个自己儿时的故事。在大家徐徐讲述自己的故事时，潘浩仿佛刚刚认识团队的每个人，了解每个人独特的人生轨迹，了解每个人心中朴素的梦想。这些故事，如涓涓细流，慢慢融化了潘浩内心的坚冰：单亲家庭中成长的他，一直肩负着长兄和严父的角色；少年求学时遭遇的歧视和不公，让他一直想证明自己比别人强；创业第一年生意伙伴的背叛，让他把自己小心保护起来；他从不相信任何人，从不让别人接近自己，在外人面前他一直是硬汉的形象，对年轻的团队也是严苛有加。而这天晚上，他深深地倾听那些朴实无华的人生故事，看见每个人都有创伤、都有恐惧，每个人都希望被认可，每个人都可以从逆境中成长。他们每一个人都是自己人生片段的映射，潘浩第一次感到团队每个人与自己的深度联结，感到整个团队彼此深度的联结。他看见，团队的每个人都是英雄，每个英雄都有一段内在的"英雄之旅"，而英雄的脆弱一面展现之时，也是力量展现之时，整个团队的联结才真正发生。

住营地温馨的小木屋，吃最天然的当地食物，看巍峨的雪山森林，听潺潺的流水；与印第安长老彻夜漫谈，与导游一家露宿山顶，与伙伴在 12 小时顶风冒雨的登山过程中敞开心扉，让人与人的联结如此简单纯粹。禁语、禁食、禁水 24 小时，让身体所有感官断绝诱惑，让躯壳在自然中涤荡，让灵魂直面黑暗与恐惧。每人用一支笔和一本书，静静记录内心流淌出的文字，学会与内心对话，与自然共振，探索内心的英雄之旅才刚刚开始。

在夜晚的篝火中，团队开始吐露心声，一起反思在推动新业务和增长老业务中的内在挑战和困惑。而此刻的潘浩听到了大家真实的声音，内心涌起感动、感恩和责任感！他看见，没有什么比一支真实的团队更让自己开心，而一支真实的团队和真实的讨论背后，是自己作为创始人，有没有让团队感到安全，感到被接纳，感到被支持。

第二年的春天，潘浩和团队再次启程，这次的目的地是美国田纳西州的灯塔工厂，潘浩要和团队共同看见更高的山峰。

进化线索

真实，既是一个人在黑暗中探索前行的脆弱时刻，也是伙伴之间直抒胸臆的联结时刻，更是高管团队直面组织逆境时的相互扶持。只有真实，才有力量。

请每位 CEO 思考以下 4 个问题：

- 你的组织此刻是走在无人区的探索之路上，还是留在舒适区进行持续改善？
- 作为创始人和 CEO，你是如何保持内心的警醒并看见真相的？
- 你如何让团队感到安全，从而让他们敢于说真话？
- 如何让组织的状态远离伪装、浮华和防御，开启"真实、联结和共振"的美好状态？

021
在倾听中引领

进化时刻

2022 年春节后上班的第一天，上海世纪公园绿茵茵的大草坪在冬日暖阳的映照下如油画般立体美好。在嘉里城办公楼的 28 楼，张兰和团队启动了 2022 年第一次战略务虚会。

张兰给大家抛出了 3 个问题：

- 我们的客户是谁？
- 我们为他们创造什么独特的价值？
- 我们今年的关键战役是什么？

20 分钟后，团队 3 个小组开始汇总分享各自的讨论结果，张兰越听越不满意，没等到第三小组讲完，他便打断了他们的发言，并从 iPad 中调出自己准备好的战略计划，开始给团队宣讲……

进化问题

> 张兰，对于这次会议，你的初心和目标是什么？

张兰讲得热血沸腾，口干舌燥，团队的反应却冷冷清清。会议结束后，张兰很郁闷，本来他想通过战略务虚会，激发大家的脑力、心力、体力，没想到最后自己成了最"打鸡血"的那个人。

张兰正郁闷着，微信界面跳出来一条信息，他的大学同学刘洋正在准备首次跨界交响乐会，这天下午正在上海交响乐团的排练厅进行最后彩排。刘洋知道张兰是资深音乐爱好者，他想请老同学一起来感受一下。张兰正想散散心，便欣然应允。

张兰步入排练厅时，乐手们正在试音，低沉的大提琴、轻盈的小提琴、嘹亮的小号、悠扬的长笛、雄浑的大号和壮阔的大鼓，此起彼伏，好不热闹。这时刘洋进来了，他身穿 T 恤和牛仔裤，向大家微笑问好。当他走上指挥台时，整个乐队安静下来，刘洋深吸一口气，用手指向自己的耳朵，对大家说："各位，我们已经排练了 3 个月，今天，我只想做一位纯粹的倾听者，我手中只有一张总谱，和一支指挥棒，你们才是'魔法师'，让我们一起享受这个美好的午后吧……"在刘洋简单有力的手势中，乐队开始了下午的最后一次排练。

此刻的张兰，感到一束光照在自己身上，他已经很久没有这样零距离感受音乐了，无数乐器的和声美妙得如空谷清风般荡涤心脾，而最让张兰震惊的是刘洋此刻正微微闭眼，侧耳倾听，完全没有指挥和控制乐队。张兰也试着闭上眼睛，感到刹那间天地广阔，他"听"到了蓝色多瑙河的碧波，"听"到了小约翰·斯特劳斯的爱国之情，"听"到了乐曲在 1867 年巴黎世界博览会首演时人们的惊叹声……

中场休息时，张兰走上前去，给了刘洋一个大大的拥抱，他觉得今天来得太值了！两人信步走到音乐厅外的长廊，张兰好奇地问刘洋："老同学，你是怎么带乐队的？他们是你的全职乐手吗？如果他们演奏得不好，你不批评他们吗？"

刘洋身材高瘦修长，戴着一副金丝眼镜，他缓缓地喝了一口美式咖啡，笑眯眯地说："我和乐手之间的关系特别简单纯粹，我们是平等的，我不是他们的老板，我们都喜欢音乐，仅此而已。我作为指挥，没有他们懂各自的乐器，也不知道他们分谱的细节，我只能做好一件事——用心倾听。只有倾听，才能知道真相，才能给他们更好的指引。比如《蓝色多瑙河》这个乐曲，我在排练的第一天就给他们讲这个乐章的作者背景，作者当时在什么背景下创作的这个乐曲，受到谁的启发。他们都是聪明人，我只要给他们描绘出画面，他们一定知道如何用音乐演绎出最好的情感和意境！"

在回家的路上，张兰踏在梧桐落叶上，陷入沉思：

- 我真的相信我的团队吗？
- 我有用心倾听他们吗？
- 我有和他们一起沉浸到我们公司未来的蓝图中吗？

音乐用最纯粹的方式，让张兰开启了自我觉察的美好时刻……

进化线索

CEO 好比是一支乐团的指挥，倾听是其最基本的功力。CEO 要时刻觉察自己此刻的倾听处在哪个层次。倾听一共有以下三个层次：

第一层：听到对方

- 听到对方的话语。
- 听到对方的情绪和潜台词。
- 听到对方隐含的假设。
- 听到对方的热爱与恐惧。

第二层：听到自己

- 听到自己的话语。
- 听到自己的情绪和潜台词。
- 听到自己隐含的假设。
- 听到自己的热爱与恐惧。

第三层：听到彼此的场域

- 听到彼此的话语。
- 听到彼此的情绪。
- 听到彼此的同频和共振。

022
用心联结团队

进化时刻

夜已深，一列复兴号高铁从北京徐徐驶入上海，旅客们纷纷收拾行囊准备下车。2号车厢4D座位上的武娜眉头紧锁，她还在主持一个重要的电话会议……一周前，盟创智联在公司的战略务虚会上锁定了三个战略性项目，武娜牵头的这个"敏捷加速器"项目是重中之重，集结了公司6员大将，分别从行业研究、智能生产、云计算、供应链金融、区块链和政府关系6个角度来设计钢铁行业"敏捷加速器"的产品雏形。董事长对这个项目期待很高，这是公司第二曲线的试验田，董事长希望在一个月后的战略务虚会上，听到大家的整体方案。

武娜是公司新上任的 CEO，刚刚加入公司 1 个月。作为咨询行业的老兵，她对这个项目信心满满，她觉得凭着自己以往长期陪伴董事长和众多 CEO 的经验，加上扎实的咨询方法论和敏捷的思考，一定能把这个项目做好。

在电话会议前，武娜和她的团队可没少做功课，对钢铁行业的大趋势、几家巨头的动向，以及智能制造的最佳实践都进行了深入的调研。她和团队还牺牲周末时间，把汇报材料的第一版 PPT 也做出来了。今天的电话会议是团队的立项会，武娜一开场就兴冲冲地把自己周末的工作成果给大家说了一遍，可是电话那头负责智能生产以及供应链金融的高总和容总好像没那么热情，他们是公司的创业元老，也是公司两大主要业务部门的负责人，电话会议开到一半他们就下线了。其他几位高管也七嘴八舌，新项目的第一次会议，结果也没有理出个头绪……武娜下了高铁，坐进出租车里，陷入了沉思……

进化问题

> 武娜，你开展这个项目的初心是什么，
> 你自己希望在哪些方面取得进步？

周末，武娜参加原公司的同事聚会，正好遇到了以前的老领导 Sam，Sam 沉稳睿智，大家都尊敬地称呼他为"大师"。大师看见武娜，拍拍她肩膀说："祝贺你，成为真正的 CEO 了，感觉如何？"

武娜一脸苦笑："有点迷糊，还在找感觉。"大师平时喜欢画漫画，他随手掏出一张纸，说："武娜，把你在组织里的位置画一画，分别画出你在原来咨询团队的位置和在新公司的位置，这两张图可能会帮助你看见些新的东西。"

武娜画了两张图，第一张图里的她和客户方的董事长在一起，看向远方，周围是一支精干的咨询团队；第二张图里的她好像没有团队，游走于她心心念念的项目与董事长之间，很多新同事在很远的地方围观。

武娜把草图给大师递过去，说："我不太会画画，大师凑合着看看。"

大师微微一笑，说："我们两个角色互换一下，此刻你是'大师'，我是武娜，你看看两张图，然后问我三个问题吧。"

这让武娜好半天没回过神来，她问："大师，你别绕弯子了，你在图中看出了什么？"

大师说："我看见两个武娜，一个是原来我认识的武娜，和客户方的董事长深度联结，带着团队一起勾画公司战略蓝图。另一个是孤独的武娜，在新的组织还没有扎根。我感到你眼中仍然只有董事长和愿景，你要想一想，你现在要集结一个什么样的团队来帮助你实现心中的愿景，这个团队和第一幅图中的团队有何不同。"

大师缓缓拿起笔，画了第三幅画，在这幅画中，武娜已经成为一个紧密合作的团队的一员，这个团队中有创业元老，也有新鲜血液，董事长也成为团队的一员，而不是高高在上的旁观者。而在画面里团队的上方，有团队和公司的使命和愿景，指引着走在未知路上的人。

大师送给武娜三个问题，作为礼物。

"你为什么加入这家公司？

你想学到什么？

你想为这家公司留下什么？

这三个问题会让你更清楚你与自己的关系，以及你与团队的关系。"

武娜陷入了深深的思考。

进化线索

武娜从一家咨询公司，空降到一家已经有 15 年历史的组织，势必面临着众多转变。而对武娜来说，最重要的转变是从只关注事情本身，到开始兼顾人和事，特别是要修炼自己作为新人，与这个组织中关键的人和团队做深度联结的能力和状态。咨询生涯打造了武娜具备强悍逻辑的大脑，而在组织中办成一件事，需要整合心脑手，特别是打开心扉。这个项目对公司来说是全新的探索，能不能成为公司的第二曲线业务，还是一个未知数。对未来的行业趋势和客户需求是否有深刻洞悉，公司的战略定位是否精准，公司既有的文化基因和组织能力是否能支撑新的探索，均有待论证。

更为重要的是，创新的探索一定会有失败和损失，因此需要真正有愿景和激情的勇敢者带领一群能力互补的团队勇往直前。武娜如果能用心联结团队，倾听组织的声音和团队的动力，激发大家的智慧，一起勾画项目的蓝图，一边摸索，一边磨合，项目的成功一定指日可待。

用心联结，需要深度的谦卑，看见自己的认知边界。

用心联结，需要笃定地相信，只有众人的极致碰撞才能逼近真相。

用心联结，需要全然地交付，在无人之路上，独行不久，众行则远。

023
每个人都是良师

进化时刻

上海漕河泾开发区的万丽酒店会议室内，CEO 东泽和团队刚刚开完战略复盘会。销售副总裁李阳刚刚离开会议室，东泽就愤愤地和公司的创始合伙人林建吐槽起来："我们公司最不懂销售的就是销售，当初面试时不是都谈得挺好吗？"

李阳离开会议室，给公司的研发负责人葛博士打电话，客气地说："葛博士，最近我们联合成都的高校和 3 家企业在做一个氢燃料电池的商业化项目，能不能麻烦你派人和我们一起接洽，这样我们能更好地推进。"电话那头的葛博士有点迟疑，他沉吟了一下，说："这样吧，我请示一下东泽。"李阳心里很郁闷，为什么大事小情都要请示CEO？

公司马上要搬新家了，新公司的楼层设计由公司的HR负责人Carol牵头协调。午饭后，Carol刚想去买杯咖啡提提神，林建的秘书就打来电话："Carol姐，林总的办公室怎么看不到江景啊？老板最近和新来的生产部门副总裁全博士关系有点微妙，你安排座位的时候注意点哦。"Carol无奈地摇摇头，这题目比我儿子的奥数题还难！

上海隐溪茶馆内，锦华和东泽一边品茶一边聊天，他们都是从江西同一个县城来到上海闯荡的。两个老同学定期就会叙叙旧，这是一段珍贵的留白时光。5年前，锦华还是一家美资企业的中国区董事总经理，在一场健康危机后，她开始认真地思考人生下半场的走向。上个月，她参加了美国一家著名CEO教练机构的认证课程，系统地学习了CEO教练的道与术，也在认真思考自己作为CEO教练该如何出发。这天，老同学东泽约自己见面，听了自己的近况，东泽说："锦华，你看，我的团队像个幼儿园，天天吵架，你来帮忙看看吧。"

进化问题

锦华，你准备如何与东泽的团队
开启一段进化之旅？

和东泽喝完茶，锦华感到既兴奋又紧张，兴奋的是东泽的团队都是精英，自己仿佛回到了几年前在职场中和团队一起呼风唤雨的状态；紧张的是东泽的高管团队出现这些隔阂和冲突，自己能帮上忙吗？锦华心里越发没底。

她拨通了美国 CEO 教练课程的主讲老师 Maria 的越洋电话，Maria 已经 88 岁了，鹤发童颜的她在美国西海岸的 Delmar 小镇居住。上个月，Maria 来上海授课时，她的睿智从容给锦华留下了极其深刻的印象。

Maria 静静地倾听锦华的叙述，在很长一段时间的沉默后，电话那头的 Maria 问："锦华，我从你的声音中感到了紧张，能告诉我你为什么给我打电话吗，我能如何帮助你呢？"

锦华说："我特别想帮东泽和他的团队，但是不知从何入手。"

Maria 缓缓地说："锦华，闭上眼睛去想象这个团队，你看见了什么？"

锦华："我看见他们像是在沙滩上散落的珍珠……"

Maria 问："东泽在哪里？"

锦华："在画面中我看不见他。"

Maria 说："锦华，带着好奇和探索之心，去看看吧，当你真正看见这个画面时，真相就会浮现。"

锦华："谢谢 Maria……"

Maria："你听起来还是有点不安，告诉我，你害怕什么？"

锦华："我害怕我修炼不够，我害怕我帮不了他们，他们都是成年人了，他们会改变吗？"

Maria："锦华，你相信你会改变吗？"

锦华："我相信。"

Maria："你要笃定地相信，既然你能改变，那么其他人也能。"

锦华："我刚刚开始涉足这个领域，我的能量有限。"

Maria："锦华，带着好奇和善意去探索吧。记住，你面前的每一个人都是你的老师。"

锦华："谢谢 Maria，我现在感到平静多了。"

带着这份心底的能量，锦华开启了与东泽团队里每个人的联结。

她惊奇地发现，每个人都那么独特，每个人其实都带着极大的善意，每个人都希望对公司和团队做贡献；她发现，过往的成就对他们而言既是光环，也是枷锁；她发现，团队中人与人的交流仅限于对工作任务的探讨，他们彼此甚至不知道对方的中文全名，更不知道彼此的家乡、家庭情况和个人爱好；她发现，团队沟通时的潜台词都在证明自己，没有人说"我们一起……"；她也发现自己的老同学东泽，把更多的时间花在他自己的哲学思考和任务达成上，更像一个严父，而没有给予团队爱的能量，让团队感到更安全，感到彼此欣赏和认可……

　　锦华感到，东泽和他的团队在这个时刻出现在她的生命中，是对自己最好礼物。

　　3个月后，东泽和锦华一起，带着团队在莫干山的裸心谷开启了一次团队深度会谈。大家围成一圈观看大屏幕上的幻灯片，随着音乐在大峡谷响起，屏幕上巍峨的高山和山间结伴而行的团队，让每个人眼中充满纯粹和柔和。在幻灯片的最后，一行字映入眼帘："良师为伴，学无止境。"

进化线索

笃定地相信自己，相信自己成长和进化的无限潜能，你才能真正影响和改变他人。因为他们也是你的一部分。他们的困惑，你也曾有过；他们的怀疑，你也曾有过；他们的改变，你也曾有过。你在生命中遇到的每一个生命，都是你的老师。表面上是你在帮助他们，其实是他们在帮助你。认真思考和回答下面的问题：

- 你是否笃定地相信自己会成长？
- 你是否笃定地相信他人会改变？
- 你如何向身边的良师学习？

024
成就人就是成就组织

在深圳大梅沙京基洲际度假酒店的行政酒廊内，凯云投资创始人楚南刚刚和客户开完会，就接到公司合伙人老慈的一个电话。电话里老慈的声音听起来很低沉："老楚，给你拜个早年，有件事情我考虑了很久，今天想和你正式说一下，我准备年后自己干了，有几个兄弟也想一起走，我不想瞒你什么，今天和你直接沟通……"老慈3年前加入凯云投资，战功赫赫，是凯云投资合伙人团队中的二把手，和楚南一起把凯云投资打造成为物联网赛道的顶级投行，公司也从上海一个团队发展成为北上广深四足鼎立的强大组织网络。在上个季度的公司内部人才盘点会上，老慈和楚南就有过争论，老慈团队有两个小伙子业绩不错，但是领导力不尽如人意，楚南建议暂缓他们的晋升，老慈当时的脸色就不太好看。在最近一年公司提升投后管理能力的"强基"项目中，老慈也不太给力。这次老慈提出离职，楚南心里也有预感。他放下电话，看着远处海中的礁石，心中五味杂陈。

进化问题

> 楚南，你创立的凯云投资，此刻面临着怎样的挑战？

　　楚南翻了翻微信朋友圈，正好看到自己以前的老领导黄臻来深圳出差，眉头舒展开了一些。黄臻是楚南第一份工作的上级，也是楚南的人生导师，楚南把他看作自己的长兄，每次遇到大事时，他都要向老领导请教一下。似乎有心灵感应，楚南正想发语音给黄臻时，黄臻的语音先到一步："楚南，我来深圳出差，晚上一起聚聚？"

两人相约在欢乐海岸的春语堂，一边品美食、美酒，一边寒暄起来。黄臻比楚南大 12 岁，两人都属龙，气场特别和。酒过三巡，楚南把最近的苦恼和盘托出。

黄臻年过半百，他既是一位久经沙场的投资人，也是一位儒雅善循的学者，他认真地倾听，时而微笑，时而点头。

"楚南，我一直看好你，看着你的团队从两个人到现在二十多个人，真是可喜可贺。

"你一定知道凯鹏华盈（KPCB），这家公司的老板叫约翰·杜尔，在他的带领下，KPCB 投资了多家成功的公司，例如网景、AOL、亚马逊和谷歌。后来，KPCB 星光黯淡，错失了新一轮独角兽的辨识与投资机会，开始把投资重心转向可再生能源公司，但它在第二曲线上的投资几乎都失败了。更令人惋惜的是，作为领航人，他也未能组建一支能够带领公司走向未来的投资者团队。许多年轻投资者在公司年数不短，却没有机会晋升为合伙人，没有成为公司的核心力量。许多人离开KPCB，都成了风险投资界的下一代领袖：史蒂夫·安德森在 KPCB 工作了 4 年，后来开始做独立投资，成了 Instagram 的第一位投资者；艾琳·李在行业内首次提出了'独角兽企业'的概念，如今经营着风投公司CowboyVentures；特雷·瓦萨洛成功投资恒温器制造商Nest，同时创立了自己的风投公司Defy。顶级人才的接连外流让约翰·杜尔深陷困局。企业家们无法确定除了约翰之外，谁会留在KPCB，约翰也不知道自己退休后公司会由谁领导。"

楚南沉浸在这个故事中，面前的茶已经凉了。

黄臻接着说："KPCB的故事就是一面镜子。作为创始人，此刻发生的任何事情，都是修炼自己最好的时机。如果你是约翰·杜尔的教练，你会问他什么问题来启发他呢？"

楚南沉思良久，说："我会问他，你们公司的合伙人都是极其有独立洞见和个性的顶尖人才，你用什么凝聚人心，让这个组织走得更稳、更远呢，仅仅是金钱吗？"

黄臻说："是啊，这是个很好的问题，我也建议你认真思考这个问题。你是想做一间小作坊，还是一家可以传承百年的组织？如果是后者，你作为创始人，要做出什么改变？"

黄臻从背包里拿出一本书——《麦肯锡传奇》。

"楚南，好好读读这本书吧，我相信麦肯锡的教父会给你很多启示，这次合伙人离职的事件一定会让你进步的。"

周末的午后，楚南沉浸在引领麦肯锡成为伟大机构的马文·鲍尔（Marvin Bower）的感人故事中。

他看到马文·鲍尔将麦肯锡由一家面临绝境的小事务所，一步步打造成咨询业的典范。

他看到在1939年公司成立之初，麦肯锡的四位合伙人阐述了一个清晰的愿景：要缔造一个全新的行业——管理咨询业；同时，作为一个团队，麦肯锡要有鲜明的公司个性：共同的价值观，共同解决问题的方式，以行动为导向。

他看到麦肯锡让每个人成为主角，所有的合伙人和基层员工都能根据一系列基本原则做出商业决策，即"发现你自己的麦肯锡"。

他看到马文·鲍尔花大量时间发掘和培养比他自己更优秀的人才，除了提供正式培训，还利用他的私人时间为他们提供无私的帮助。

他看到马文·鲍尔用心良苦地用制度保证了精英之治，保证了任何人都不可能有过多控制权，比如每三年重新选举一届董事长，对一个人的任期和股份数也做出了限制。

他看到麦肯锡纽约分公司成为麦肯锡的黄埔军校，源源不断地向新的分公司输出领导人和有经验的咨询顾问，把招聘、训练、培养顶级人才当成战略任务。

他还看到马文·鲍尔总是身先士卒，鼓励和激发组织成员：

接手最有挑战性的咨询项目，说出事实真相。

敢于大胆想象，即便与行业习惯或趋势相悖。

共同畅想愿景，一起分享成功实现愿景的成果与荣誉。[⊖]

掩卷沉思，楚南在书的封面写下一行字：致敬传奇。

楚南看见未来的凯云资本，成为一家有着伟大愿景和使命的精品投行；楚南看见未来的凯云资本，最宝贵的资产是秉承和践行公司使命的合伙人，他们不但业务能力强，而且成了陪伴团队成长的导师；他看见未来的自己，花更多时间在寻找和培养那些笃定地相信凯云投资核心理念的布道者和践行者上。

⊖ 埃德沙姆.麦肯锡传奇［M］.魏青江，方梅萍，译.北京：机械工业出版社，2006.

进化线索

投资行业是典型的智力密集型行业，这个行业人才密度极高，挑战和风险也极大。如何凝聚并激励一批极其有独立洞见和个性的顶尖人才，仅仅是金钱吗？麦肯锡和世界上无数顶尖投资公司已经给出答案：给每个人充分的信任和授权，让他们自己决策并承担后果；让大家互相分享和反馈，成就彼此的每日精进；用使命引领组织，让大家感受到在成就不凡事业过程中的意义！只要成就每一个美好的生命，就成就了这个美好的组织！

组织篇

025

从"小团队"到"大组织"

进化时刻

　　浩翔前一天晚上喝了酒，这天上午 10 : 00 仍然感觉头晕乎乎的。公司最近刚刚启动 C 轮融资，浩翔每天面对投资人的"灵魂拷问"，已经感觉心力交瘁。前几天，公司南区的"二把手"乔峰给他打了两个小时的电话，狠狠地告了南区总经理福泉一状。福泉是浩翔的"发小"，两个人从小玩到大，亲如兄弟。12 年前，浩翔创业时，福泉义无反顾地辞职跟着他创业。现在公司已经近 800 人，南区的市场是战略高地，在融资的关键节点，南区却开始出现内讧。浩翔二话不说，挂了乔峰的电话就拨通福泉的电话把他劈头盖脸骂了一顿："你这臭脾气什么时候能改？南区的兄弟们你自己搞定啊，下次再有人跟我告状，你就给我走人！"不久，福泉给浩翔发了条微信消息："大哥，我想退出公司休息一阵。"浩翔急忙乘高铁赶到福泉那里，又是劝，又是赔不是，兄弟俩借着酒劲哭了一场，这才言归于好。

这天一大早，北区的秦晓又出事了，他不想向新来的 CEO 方明汇报，想直接向浩翔汇报。浩翔看了一眼镜子里的自己，鬓角已经有了白发。他感觉好累，感到自己使尽浑身解数也带不动公司了。

进化问题

> 浩翔，你创立的公司已经从初创期进入快速发展期。作为创始人，此刻你需要做出怎样的转变？

这天下午，浩翔与南区的团队又开了几个会后，晚饭都没有顾得上吃就打车到火车站，准备回上海。到了车站才发现高铁票都卖光了，只有一班绿皮火车。由于第二天还有一个重要的投资人会议，他只好买了卧铺票，准备在火车上睡一夜。

绿皮火车的装潢虽然不如高铁的一等座豪华，却也舒适简单，伴随着火车滑过轨道的声音，浩翔进入了梦乡：

他看见了大学时的自己，意气风发，连续3年获得最高级别的奖学金，也是学校唯一入选宝洁公司全球管理培训生的毕业生；

他看见了广州街头开着货车送货的自己，年轻帅气，头上散发着海飞丝洗发水的香气，和宝洁公司的渠道经销商打成一片；

他看见了创业第一年的自己，三十而立，大学的三个好兄弟又聚在一起干事业，大碗喝酒、大口吃肉，公司蒸蒸日上；

他看见了现在的自己，就像一辆绿皮火车，正吃力地拉着7节车厢爬坡，他又要看方向，又要开车，车厢之间有连接问题他还要去维修……突然，一声巨响，两节车厢断开了，火车分成两段，后面一段翻到桥下……

浩翔大叫一声，猛地坐起来，看见窗外闪过的田野和树木，才发现这是一场梦。

火车不紧不慢地开着，浩翔睡意全无，他泡了杯安吉白茶，看着窗外慢慢泛白的晨曦。

车厢对面是一对母子，小男孩 5 岁，虎头虎脑的，很精神。他依偎在妈妈怀里问："妈妈，什么时候到上海啊，这列火车怎么这么慢啊。我想坐高铁，高铁快！"

妈妈架着金丝眼镜，一看就是个知识分子，她说："坚仔，我告诉你哦，火车分为牵引式列车和动力分散式列车，牵引式列车就是传统的火车头拉车厢，只有火车头有动力，也就是我们现在坐的绿皮火车，妈妈小时候只能坐这种火车。后来科学家发明了动车组，动车组是由动车和拖车组成的，很多车厢自己就有动力，能拉其他车厢，所以跑得快。"

浩翔听得入神，心里想："怎么能把我的公司也变成动车组呢？"

下车后，浩翔直接去了虹桥天地，他约了原动力资本的创始人老程。老程在华为待了 15 年，他将华为的南非业务团队从零开始带成了一支声名显赫的"钢铁连"。后来他进入投资领域，希望能寻找并帮助在未来的领先科技赛道上的中国企业。老程特别欣赏浩翔，觉得浩翔就像年轻时的自己，胸怀梦想，冲劲十足。在浩翔的公司 B 轮融资的关键时刻，老程领投，用行动支持浩翔。浩翔对老程也是极其信任，无话不谈。

两个人在星巴克落座，浩翔直奔主题："老程，最近我很困扰，我们公司像是一列绿皮火车，我就是火车头，怎么能把公司变成动车组，让 5 个大区总经理拉着他们各自的团队往前走呢？他们现在什么事情都来找我，我刚刚找来一个 CEO，他们还是兜兜转转地让我拍板。我这又当爹又当妈，真累！"

老程笑着展开一张餐巾纸，说："浩翔，我们来理一理思路。"

老程在餐巾纸上画了个"十"字，十字的上面写着"未来"，下面是"现在"，左面是"人"，右面是"事"。一共分成了四个象限。

老程说："浩翔，你先盘点一下你每周的时间，有多少用在'目前公司的业绩和项目运营'上，有多少用在'未来公司的战略规划'上，有多少用在'现有团队的培养'上，有多少用在'未来人才梯队的建设'上。假设你一周有 100 个小时用于工作，请在这四个象限里分配一下。"

浩翔翻了翻最近的日历，思考片刻后，在餐巾纸上认真填写起来："目前公司的业绩和项目运营"用时占70%，"未来公司的战略规划"用时占15%，剩下15%的时间用来融资，花在"现有团队的培养"和"未来人才梯队的建设"上的时间为0。

老程看着浩翔，说："浩翔，假设你是我，看看这样的时间分配，你有什么建议吗，你觉得这样的公司会有什么风险？"

浩翔怔住了："老程，我身不由己，公司现在还在C轮融资阶段，很多事情我必须冲在最前面……最近，我也找来了一位CEO，是我的大学同学，我让他和团队磨合磨合，这样我可以往后退一退。"

老程说："你往后退，CEO会怎么想？ C轮融资后业务的快速扩张，你的团队能接得住吗？"

浩翔喝了口咖啡，缓缓地说："是的，他们都是我的好兄弟，最近公司变化很大，他们都说不认识我了。我忙着融资和开辟新赛道，没有花时间和团队在一起。团队还是创业时的老样子……这样下去，公司太危险了，业务越多，组织越接不住。"

老程笑了:"浩翔,你有悟性。那么明天一早,你会有什么不一样的行动吗?"

"我会和他们一对一地开会!"浩翔不假思索地说。

老程又笑了,问浩翔:"你看看桌子上的咖啡杯、肉桂粉瓶,还有我们的两部手机。假设它们是你的四个大区负责人,那你在哪里?"

浩翔说:"我也是一个杯子啊,我在他们中间啊!"

老程说:"错了,你不是一个杯子,你是这张桌子。你要让他们每个人都升级为一个拥有 100 人团队的小CEO,你要成为桌面支撑他们,他们才可能成为一张大区高管团队的桌子!将来你要成为这间星巴克里的地面,稳稳地支撑起所有的桌子和杯子。浩翔,你还年轻。你的团队,要从创业初期的靠感情变为讲规则,再变为建系统;你的团队,要从事事请示老大、需要你的认可,变成能力互补,成就彼此;每个人都要从'单纯会做业务'的员工到'既会做业务又会带团队'的领导者。这对你意味着什么,你要好好思考。"

浩翔陷入深深的沉默与反思……

6个月后，浩翔和团队相聚延安，到中国人民抗日军政大学旧址参观学习，在那里开启了公司的"CEO深度进化场"项目。老程带着华为大学的几位干将，和浩翔团队一起分享华为创业初期组织建设的故事。浩翔坐在最前面，他感到自己像18岁的大学生那么兴奋和好奇。他仿佛又看见了过去的自己，一个只顾自己开车，没有花时间维修和升级车厢的列车长；他也看见了未来的组织，一辆崭新的、每个车厢自带动力的动车组；他还看见了新来的CEO带领高管团队一起铺设新铁轨，全面升级大后台硬件系统、软件系统和列车长培训系统的美好画面。

进化线索

过去，在企业初创期，浩翔既是董事长、CEO，又是业务火车头，他要亲力亲为，事必躬亲，冲锋陷阵，这时候的组织仅仅是一个小团队，靠着彼此的信任和感情维系。现在，浩翔的公司已经完成了从 0 到 1 的商业模式探索，开始进入跨区域的扩张阶段，组织也分了中央和地方大区多个部门。这时的浩翔，需要重新定义自己和组织的关系，从冲业务变成带团队，从兄弟们的老大哥变成高管们的好教练，从业务开拓者变成组织的设计师。作为创始人和董事长，他要带团队、搭梯队、树文化，用系统的力量让组织稳稳地走下去。

请 CEO 思考以下问题：

- 你的组织处于初创期还是成长期？
- 你本人的旧角色和新角色分别是什么？
- 你如何分配时间来成就你的新角色？

026

CEO 是组织的设计师和建设者

进化时刻

上海外滩，罗斯福餐厅内，NEXT 公司的高管齐聚一堂，欢迎伟航作为 CEO 加入这个明星团队。NEXT 公司是一颗冉冉升起的"新星"，深耕新药研发领域多年，立志成为下一代数据赋能、AI 驱动的新药企。伟航是医药行业的老兵，见证了药企巨头进入中国市场的 20 年历史，这个行业无人不知他的战绩。面对这支人才荟萃的高管团队，伟航也意气风发，他希望在这家企业留下浓墨重彩的一笔，作为自己职业生涯的收官之作。新官上任三把火，伟航今年的头等大事是推进公司的 SPRINT 商业化项目，希望以最快的速度占据市场高地。

晚餐后的第二天，伟航和负责研发的蔡博士、负责生产的王博士碰头，伟航期待他们"三巨头"尽快达成共识，组成"特种部队"，如往年那样闪电般地攻城略地。但这一次，3个小时的讨论艰难中透着尴尬，蔡博士慢条斯理，不温不火，似乎对这个项目没有兴趣，他满嘴超级抗体的专业名称，听得伟航一头雾水；王博士是董事长的关门弟子，公司的002号员工，之前的商业化项目都是由他牵头推进的。他是湖北人，性格豪爽耿直，快人快语。话里话外，王博士表露出自己觉得这个项目应该是生产部牵头主导，而不是新来的伟航……伟航又气又急：之前我指挥千军万马，现在就我一个光杆司令；原来大家见面对我毕恭毕敬，现在好像我就是一个"路人甲"；原来走到哪都有秘书和"大内总管"跟着，现在连出差都要自己操心……原来在外企自己看不上眼的那些跨部门同事，在此刻突然成了美好回忆……

进化问题

> 伟航，你要如何从成熟组织的职业经理人，转型为初创组织的设计师和建设者？

见过高楼的人，不一定会建造高楼；

见过系统的人，不一定会搭建系统；

见过庞大组织的人，不一定会从 0 到 1 组建团队。

从成熟组织的职业经理人，转型为初创组织的设计师和建设者，伟航作为 CEO 还有很长的一段路要走。

伟航曾经是一家"百年老店"中优秀的职业经理人。百年老店，几经沉浮，穿越周期，内功深厚，已经形成了一整套强大的系统，加持到它的每个个体身上：组织的战略，早就在历次战役中形成，伟航只要根据百年老店主航道的战略在中国进行战术的微调和诠释即可；百年老店的部门之间分工明确、秩序井然，伟航不需要和研发部门、生产部门做太多的磨合和沟通，因为部门和部门间的协同有专门的团队来负责；百年老店的文化积淀和人才培养臻于完备，伟航以前所带领的团队已经是这个系统精心筛选和打磨后的能战之师。

而伟航加入的 NEXT，正经历从 0 到 1、"穿越生死谷"的创业期，战略和商业模式还在不断经历试错和迭代；组织团队还在搭建和生长的过程中，求真求新、严谨务实的研发，稳定安全、质量为先的生产，冲劲十足、灵活生猛的销售，这些业务关键点尚未在这个组织里连接；组织每天都要面对生死考验，没有多余的时间和资源来考虑团队建设和领导梯队的培养；每个部门的一把手都是各自领域的顶尖高手，他们的个性和执念极强。所以，前面的进化时刻里提到的"3 小时会议"，艰难是必然的。

NEXT 所在的企业生命周期，正是要从 Bio-tech（生物科技企业）阶段过渡到 Bio-pharma（大型制药企业）阶段，就是要经历"研产销"整合的阵痛，也正是伟航以及另外两位领导者修炼的绝好机会。

伟航过往在百年老店的职业生涯顺畅辉煌，但历史的光芒也为他前行的道路投下深深的阴影。"舍我其谁"的王者心态、"收官之作"的患得患失以及"我主沉浮"的自我定位，都让伟航在新旅程中磕磕绊绊。

伟航的故事，折射出每个人在职业生涯切换时都可能会遇到的进化场景：

- 我们容易忘记公司平台和巨人肩膀的重要性，而把所有战绩都归为自己的优秀——没有谦卑，没有感恩，只有"最厉害的我"。

- 我们容易忘记系统的力量，忘记系统中不同能量交汇的不易，而仅仅享受系统融合后的和谐美丽，并把这种美丽看成理所当然。
- 我们习惯于同事间的友好和协作，把组织奠定的文化底色及其对每个人润物细无声的行为牵引，当成每个同事本就具备的品质和行为。

伟航如何能从成熟组织的职业经理人，转型为初创组织的设计师和建设者？

首先，伟航要问自己：我是谁？我为何在此？我来到这里的真正驱动力是什么？是仅仅为了给自己的职业生涯画上完美的句号，向世人证明我是完美和值得仰慕的，还是把这段旅程看作自我进化的 2.0 版本，抑或是心怀使命，希望和一群优秀的人一起建造一个新的平台，以更高的效率为患者带去更多福音？

其次，要思考自己与组织的关系：我仅仅是一名职业经理人，还是新创组织的设计师和建设者？如果我仅仅是一名职业经理人，我会整天对这个还不能遮风避雨的"屋子"品头论足；如果我是一名设计师，我会重新审视战略蓝图，设计可以承载战略的组织架构；如果我是一名建设者，我会清晰地看到这个新的组织尚未完成系统构建，我会撸起袖子，和研发、生产一起把组织的地基打好，把屋顶撑起，每天心怀喜悦地和大家一起为组织添砖加瓦，在这个过程中让自己进步，并收获满满的成就感。

最后，伟航如果能够把时间维度拉远，看到自己人生下半场的愿景和使命，不再是攻城略地证明自己，而是成为一个利他者和赋能者，也许伟航会更加笃定与从容：他会重新定义这段职业生涯，把 NEXT 当作修炼自己的学校，他会不带预设地参加 3 小时的会议，深度倾听两位高管的意见，和团队联结；他会积极发动系统的力量，推进公司的商业化进程，并找到能够迅速赢得战役的切入点；他也会展望未来，顺势而为，和高管团队一起推动研产销整合的组织能力系统建设。

进化线索

99% 的 CEO 都是业务好手，但是既懂业务又懂组织的 CEO 凤毛麟角。一位卓越的 CEO，一定也是一位卓越的组织设计师和建设者。这需要 CEO 对人性的洞察，对团队动态的把控以及系统的思考能力。一个卓越的组织能让员工发挥自身纯粹而饱满的优势，能让每个人挑战自己的边界，能让大家一起成就不凡的事业。组织中的每个人都应该既是组织的居住者，又是为组织添砖加瓦的设计师和建设者。CEO，请思考你平时的管理决策，是如何设计并塑造一个组织，来激发每位组织的居住者成为设计师和建设者的。

027

与更大的世界同频共振

进化时刻

11月的一天，在上海北外滩的香格里拉酒店宴会厅里，灯火辉煌。300多位赛世医药的销售精英汇聚一堂，大家既兴奋又珍惜这难得的见面机会。疫情暴发以来，大家的沟通都只能在线上进行，而这次线下会议的主题是"凝心聚力"。虽然台风再次光顾上海，但很多同事仍然赶火车来到上海，为自己跟随多年的老领导乔杰庆祝。

乔杰是西北汉子，16年前加入赛世医药，凭借着勇敢、勤奋、坚韧和对团队的无限信任与成就心，从医药代表这个最基础的岗位，一路成长为公司的中国区销售负责人。不久前，美国总部宣布了乔杰最新的晋升通知，乔杰成为赛世医药中国区首位来自本土的 CEO。

会议当天早上，乔杰喝了一大杯咖啡，他的眼睛还有些许水肿，前一天晚上，他刚和美国总部肿瘤事业部的全球副总裁开会，原本计划 1 个小时的会议开了 3 个小时。最近中国政府的集中采购政策在总部掀起轩然大波，乔杰和团队准备了 2 周的 PPT，和总部苦口婆心地沟通，无奈质疑声、反对声和冷嘲热讽此起彼伏。乔杰感到心力交瘁。

今天的会议非同往常，以大区为单位，用抽盲盒的形式抽取现场同事发言，"每个人都是英雄"几个大字赫然打在大屏幕上，听到同事们一个个排除万难、用心交付、用爱联结医生与病患的感人故事，乔杰内心久久不能平静：为什么总部看不见我们中国同事的辛苦与付出呢？明天晚上，自己还要和全球另外两位产品线的副总裁连线，又是一场煎熬的"三堂会审"……

一阵热烈的掌声打断了乔杰的思绪，300 多人集体起立，大屏幕上滚动播放着乔杰在公司和同事们一起奋斗的照片。在《真心英雄》的歌曲声中，乔杰走到台前，在 300 多双眼睛的注视下，乔杰感到一股热流在心中涌动，他哽咽道："感谢大家，感谢我们在一起。"

进化问题

> 乔杰，你从一名销售团队的负责人，晋升
> 为世界500强公司的中国区CEO，需要如何
> 转变心态和视角改变？

从销售铁军的负责人，变成整合研发、生产、销售和各大职能部门的公司中国区 CEO；从定方向、下任务、带团队，到总部游说、平行影响、向上沟通；从区域内单纯的销售文化，到复杂多元的全球视角和多地域的平衡博弈，乔杰需要更大的智慧，才能与这个复杂的组织系统同频共振。

一家跨国企业很像一台全波段的收音机，CEO 在每个业务场景中和来自不同波段的人沟通合作时，每时每刻都会遇到不同频的挑战：不同的文化背景、不同的语言体系、不同的宗教信仰、不同的家庭出身、不同的学术素养、不同的业务诉求，以及日益加剧的地缘政治的摩擦与张力，让每一次合作既有业务上的摩擦，也有价值观和信念系统上的碰撞。

乔杰和销售团队在一起时舒服自在，因为这是自己最熟悉的人群，最有能量上的连接感，也是他内心最深刻的自我认同：我是西安人，我是中国人，我热爱销售事业，我热爱我的团队。带着这种对自我身份深深的认同，乔杰进入了一个自己完全不熟悉的场景，进入了自己之前完全看不见的组织波段。在赛世医药，研发是主轴，总部在关键的战略决策上拥有绝对的话语权；在研发的大组织中，美国总部把控着研发的节奏，公司的中国区团队仅仅在执行端发挥作用；而生产和供应链，全部集中在欧洲和北美。乔杰在前面进化时刻中经历的总部会议磨炼，是因为在那个场景中，不同频道代表了组织的不同张力，不同人群要代表组织的不同诉求，讨论同一个问题：

- 总部永远把中国市场当成全球一盘棋的一部分，中国市场的业绩仅占全球营业收入的 9%，中国药品集中采购所导致的药品大幅度降价和药品需求的大幅度提升，需要总部缜密地考量和权衡，也必然要求中国区负责人进行冷静客观的情景预测并提出预案。

- 公司的中国区 CEO 更关注本地区的患者需求和达

成本团队的销售业绩，乔杰希望总部能尽快了解中国政府的行业相关政策、中国庞大的市场和公司在中国的长期利益，并调配资源支持中国区的业务。

- 生产和供应链的负责人，更关注总部下达的关键绩效指标，注重生产质量的稳定性和与物流的成本，至于运到哪里，和自己的关系不太大。

乔杰需要更多的倾听、更多的洞察、更多的包容、更大的智慧，才能找到与总部同频共振的有效方式。

在职业标签和个人标签之间，乔杰需要探索一个新的交汇点，让这些新的旅程、新的同事、新的问题、新的张力给自己带来的冲击，成为美好的进化时刻，为自己赋予新的意义：

从证明自己过去的成就，到探索自己新的可能；
从成就自己的小团队，到看见和成就更大的系统；
从服务国内的患者，到联合更多的资源服务全球的患者；
从销售团队的领军人物，到具有全球视野和连接能力的领导者。

让我们祝福乔杰。

进化线索

无论是进行一项重要的工作，还是开启一段新的职业生涯，抑或是踏上创业之路，在出发之前先试着发现这件事的意义，让这个意义指引你更好地与自己和不同的利益相关方同频共振。

- 这件事对自己的意义是什么？
- 这件事对团队的意义是什么？
- 这件事对组织的意义是什么？
- 这件事对客户的意义是什么？
- 这件事对社会的意义是什么？
- 这件事对世界的意义是什么？

028
与他人共享蓝图

进化时刻

　　初春的一场微雨让西湖如水墨画般美好。志南每天都早早来到西湖边，一边晨练，一边欣赏着"烟雨下江南，山水如墨染"的美景。志南今年55岁，是金融行业的一名老将，5年前受到老上司张涌的邀请，加入了位于杭州的一家银行，辅佐董事长张涌。他把家人留在深圳，自己每个周末在两地来回飞，成了这条航线上的老面孔。

　　过去一年，银行在推动一个"以客户为中心"的数字化转型项目，项目涵盖了公司的组织架构调整和流程重塑，转型已经进入深水区。在不同场合，志南都观察到这家银行的分行领导们以及职能部门的一些同事，还是在用老脑筋做新事情，上令下行，以自我为中心，思考得少，执行得多，对客户的洞察也仅仅是流于表面。最近，志南委托一家第三方公司进行了一次大型客户调研，数据表明，终端客户并没有感受到银行的产品和服务水平有显著提升。几款在试运行的零售产品的迭代速度和开发质量也都不尽如人意。这都让他看在眼里，急在心上。

这天上午开完经营班子会议后，志南走进董事长的办公室，说："董事长，有件事情我想和您汇报一下。下个月，行里要进行数字化项目的年度回顾会，总行、分行的50多位同事都会参加，我想在会议日程里加一个环节，请五道口金融学院的教授来给大家做个分享，让所有人意识到'真正以客户为导向的心态和行为'对数字化转型项目的成败至关重要。您看，这是项目团队这两周加班加点准备的'数字化领导力行为手册'……"

"志南啊"，董事长打断了志南的汇报，"你这个性子急的老毛病一直没改，你说的这件事火候没到，回头再讨论吧。"

进化问题

志南，作为CEO，你如何才能更有效地影响董事长？

走出董事长的办公室，志南闷闷不乐。打开手机，五道口金融学院的李教授正好发来信息询问："志南，你上次提到的那个课程还要进行吗？我在安排最近1个月的行程。"

志南正好想找人聊聊，就拨通了李教授的电话："李教授，谢谢您的关心，我刚刚和董事长沟通了一下，他把我的提议给否掉了。"电话那头的李教授听出了志南的语气有些沮丧，他安慰道："不急，慢慢来，好事多磨。我正要寄一本书给你，是著名教授埃德加·沙因写的《谦逊的问讯：以提问取代教导的艺术》，你可以看看，希望对你接下来和董事长的沟通有帮助。"

周日，《谦逊的问讯：以提问取代教导的艺术》这本书一送到，志南就津津有味地读起来。他一边读，一边记笔记，书中写道："谦逊的问讯是一门优雅的艺术，是帮助他人畅所欲言的能力，是不带预设答案的提问，是带着对另一个人的好奇心和关注建立良好关系的态度。"[注]

志南陷入沉思，我真的持有谦逊之心吗？我对董事长的想法有真正的好奇和关注，还是只陈述了自己的主观看法？他的目标是什么，我的目标是什么，如何找到我们之间共同的目标，并让每个人把自己的目标和团队目标进行连接，一起前行？在这个转型项目中，我自己要如何转变呢？

深夜，志南一口气读完书，在书的最后一页写下：

"我不能只从自己的视角出发来武断地做决定。切记：谦逊的问讯！"

志南列出了要问自己的 5 个问题：

1. 个人的学习目标：在这个项目结束的时候，我希望在自己身上看到什么最令自己自豪的改变？

[注] 沙因.谦逊的问讯［M］.李艳，王欣，译.北京：机械工业出版社，2020.

2. 我和关键人物谈话的目标：通过我和董事长的这段对话，我希望达到什么目标和共识？

3. 具体任务的目标：项目年度回顾会的核心目标是什么？我的设想是什么？董事长的设想是什么？还有哪些人的观点也非常关键？

4. 项目的中期目标：数字化转型项目的核心目标是什么，它对客户意味着什么？

5. 组织的长期战略目标：银行的战略目标是什么，和前几项目标的关系是什么？

第二天清晨，如往常一样在西湖边晨练的志南给董事长留言："董事长，周末有时间吗，约您一起喝茶。"

进化线索

共享蓝图，意味着放下自己的假设和预判，真正谦逊地倾听对方和组织中的每个人的心声，并共同描绘美好的愿景。愿景不是墙上的口号，而是每个人心中的渴望与组织交互而生的宏伟蓝图。

为什么共享蓝图如此艰难？

- 个人视角之小：每个人都是庞大系统的一部分，都只能看到冰山一角，个人视角的局限性，会让人用主观滤镜来看待世界，仅仅看到自己想看到的信息，进入"我执"而非谦逊的状态。

- 个人视角之深：个人视角从我们出生起就伴随着我们，我们在人生中的种种境遇和经验会强化个人视角，甚至让我们意识不到个人视角的存在。

- 个人视角之偏：如果我们仅仅关注任务的结果与达成速度，那么我们会在没有了解造成问题的根本原因之前贸然做出判断。

- 个人的视角不是对方的视角：我们眼中的事实，对方不一定看得到。当我们与对方交流时，如果单单从个人视角出发来收集和解读信息，单方面做出判断和决策，就很难与对方达成共识，因为大家没有共享蓝图，对问题的本质和事情的真相没有达成共识。

共享蓝图可以让我们获得参与感，而不是分裂感。共享蓝图后，大家的视角对齐、认知对齐，不再疏离、对峙，而是融为一体，从而共同获得整个系统的力量。

我们在进行任何活动之前，都应该花时间思考自己"要去哪里"，也就是"目的地（目标）"。而这个目标，切不可埋在心中，而是要有节奏、有技巧地和他人以及更大的系统进行分享。前面讲到，志南只顾陈述自己的理解和建议，全然忘记了要和董事长共同探讨并分享更大的目标和项目全景图。想要实现转变，就要保持谦逊之心和深度的聆听，而不是自顾自地陈述观点。正如"点线面体"的比喻，我们需要跳出小小的自我的"点"，通过谦逊的问讯，和对方连点成线，连线成面，从而共享蓝图。

029
从泾渭分明到百川入海

进化时刻

  10 月的申城，既留存着夏季的热，也开始透露出秋季的凉。此刻，站在金科路和蔡伦路口的李想，眉头紧锁，他丝毫没有心情欣赏梧桐树间洒下的金子般的斜阳碎影。李想刚刚加入一家生物医药公司 Xspeed 担任公司 CEO，他过去 20 年一直在医药研发外包领域深耕，凭着勤奋、果敢，和超强的执行力一步步晋升为一家美国 CRO 公司（医药研发外包服务机构）的中国区运营副总裁。这次职业转换，一方面是受到 Xspeed 创始人的邀请，另一方面是他也想真正躬身入局，以甲方的视角深度参与新药从研发到商业化的整条价值链的搭建。

就在刚才，Xspeed 公司高管刚刚和外部投资者开完会，研发部负责人葛博士是医生出身，严谨、务实、关注细节；而公司的商务负责人老梁则是在外企打拼多年的沙场老将，圆滑灵活，胆大心细。他们在刚刚的会议中，针对一个还在临床试验阶段的数据使用问题，差点争执起来，李想没有吱声，他心里嘀咕道："我初来乍到，让子弹飞一会儿……"

进化问题

> 李想，作为Xspeed新上任的CEO，你要进行的最关键的自我修炼是什么？

李想的老东家就在公司隔壁，在原来公司中他最佩服的人就是研发部门的负责人张博士。张博士是浙江台州人，家里一直经营着一间小工厂，因此张博士身上既有学者的勤奋儒雅，又有商人特有的市场嗅觉。过去 15 年，李想和张博士在工作中配合默契，建立了深厚的友谊，也是教学相长的好伙伴。

周末，李想和张博士在中欧商学院的一个领导力论坛偶遇，李想喜出望外。

张博士拍拍李想："怎么样，新公司感觉如何？"

"哎，一言难尽"，李想苦笑道，"还是咱们公司的老同事单纯、好相处，新公司既有'锦衣卫'，也有'雇佣军'，还有'游击队'，真是难搞。"

张博士淡淡一笑，开导起李想来。

张博士："李想，你去过西安吗？"

李想："还没有机会去呢。"

张博士："下次你去西安，一起要去'泾渭分明'这个景点。泾河水清，渭河水浑，清浊分明。如果你运气好，赶上两股水流的"混掺带"足够长，那景色更壮观。你说说，我现在负责的研发部是泾河还是渭河？"

李想："当然是泾河了，我们研发部的同事个个简单纯净，想的都是科学、试验、模型，说话多直爽！"

张博士：你说得对，也不完全对。以前营销部老大经常和我投诉研发部的下属，说他们太较真、太固执。我就经常要在研发部和营销部之间周旋，让营销部以及研发部经历"泾渭分明"的融合过程。由于组织的设计和专业的属性，各个部门的特点会有天然的不同：前台的快，中台的稳，后台的严；研发的严谨，销售的有冲劲，营销的有创意，生产的善于控制，财务的细致，法务对风险的关注，人力资源对人性的洞察……至于每个个体，那差异就更加有趣了：有人喜欢看未来的蓝图，有人倾向于研究微观世界；有人更关注事情的结果，有人更关注事情的过程；有人严格制订和执行计划，有人灵活机动处理问题；有人喜欢和外界互动共创，有人倾向于独自把问题想深、想透……"

李想听得入神了："张博士，你太厉害了，原来你对泾渭分明的理解如此深刻。我听懂了，其实组织永远是一个矛盾的统一体，就像泾渭的汇流，充满着多元的能量、不同的视角和看似冲突的张力……"

张博士颔首道："是啊，这就是一个组织的真实状态，就像泾渭分明，任何系统都会充满张力：现在与未来，战略与战术，创新与运营，内部迭代与外部互动……但最重要的是我们要流向何方。"

李想陷入深思："是啊，我们要流向何方。这个方向我现在看不太清，我要找个时间和高管团队一起讨论如何加速融合，以及我们要'流向何方'！"

张博士赞扬道："是啊，李想，这才是你在这个组织中要发挥的关键价值。医药行业已经从一个慢行业变成一个快行业。你想想创始人为什么邀请你加入这家公司担任 CEO？他看中的不只是你的专业能力，因为这家公司的专家太多了，他需要的是你带领大家看清大方向，加速研产销的整合，加速新药的上市速度，为患者早日带来健康的新药啊。你看，我在公司 20 年，就慢慢从一个专家变成一个杂家了。"说着，张博士哈哈大笑起来。

李想也笑了，他看见了一幅美好的图画：在他和团队的共同努力下，研发、生产和营销的三条河流交汇融合，一起流入广阔的海洋。

进化线索

作为公司的创始人或 CEO，要经常审视公司最核心的高管团队有哪些不同视角的碰撞与张力，并善用正式或非正式的场景加速他们彼此的理解与融合。要让团队彼此看见、彼此欣赏、彼此联结，这样才能助力高管团队高效决策。

030
利他大愿

进化时刻

在长沙岳麓书院旁的茶馆里，空气中弥漫着焦灼的气息，"天天美食"连锁集团高管团队的会议已经持续了3个小时。集团今年第一季度的业绩惨不忍睹，十几家门店的客流量大幅下滑，人均坪效也远远低于行业均值。以前大家都不屑提及的竞争对手"和睦家"，从跟随者变成了领跑者。在新零售浪潮的冲击下，天天美食似乎找不到应对市场的思路和打法了。老曾是天天美食的创始人，他刚刚从 EMBA 的云课堂下线，走进会议室，他扫了一眼白板上大家讨论的结果，眉头一皱，说道："老思路，老脑筋！什么'全员营销''亏本大甩卖''延长营业时间'，这都什么年代了！"大家面面相觑，大气不敢出一声，老曾看了看这群创业至今一路跟随自己的兄弟，叹了口气，真是恨铁不成钢啊。会后，他拿起电话，给HR布置了一项任务："一周内，给我找到和睦家的三名最好的店长，我们团队要'换血'了。"

进化问题

> 曾总，你的核心团队目前遇到了什么挑战，你认为天天美食的转型之路在何方？

散会后，老曾一个人在岳麓书院散步沉思，"惟楚有才，于斯为盛"，老曾还记得自己拿到大学录取通知书的那天，自己来岳麓书院许的愿：人生在世，要做一件大事！回首自己创业15年，披荆斩棘，一路高歌，老曾从没想过天天美食会打败仗。和睦家有什么了不起，给我半年时间，到时再见分晓！

周一上午，在天天美食的高管晨会上，老曾把第一个问题抛给了 HR："和睦家的店长找到了吗？"HR 面露难色："曾总，找是找到了，人家不肯来……"老曾一听，眉毛一扬："他们年薪多少，我给他们翻倍！"HR 说："不是钱的事，他们搞了个合伙人计划，店长都有股权的。曾总，您看看，股权能给吗？"这句话倒是激起了老曾的好奇心，店长还能得到股权，这倒是新鲜事。"可以啊，我房子都舍得给，何况股权，你先帮我把最厉害的店长约出来聊聊！"

周末，老曾来到上海，参加商学院研究新零售最知名的陈教授的线下课。课后，老曾一个箭步来到教授面前："陈教授，我想向您请教。我是做社区生鲜连锁店的，最近我们公司的业绩下滑得很厉害，我们在当地有一个竞争对手非常厉害，我想就公司未来的业务转型向你请教，看看您有什么好的建议。"

陈教授微微一笑，问老曾："曾同学，那你觉得它哪些地方比你做得出色呢？这些现象背后反映出这家企业有怎样的经营理念呢？"

老曾笑了笑："教授，我不想让员工去'抄作业'，仅仅学到皮毛，所以想和您讨教一下。"

陈教授点点头："你能这样思考问题特别好。我们看问题一定要透过现象看本质。我最近和团队研究了几家南美洲和东南亚的零售独角兽企业，将它们和中国的零售企业做了一个对比后发现，以前的零售经营'货'，现在的零售经营'客群'，以前的消费者只关注产品的性价比，现在的消费者更关注体验和趣味性；以前的渠道完全是线下，现在的渠道变成线下和线上的拉通和结合；以前的广告是千人一面，现在的广告是千人千面。这只是业务上的一些变化，而这些零售独角兽企业最难复制的是它们的底层逻辑、底层信条和一系列配套的管理抓手和沉淀的组织能力。"

接着，陈教授给老曾提了几个问题：

- 你如何激励你们公司的店长？
- 你们公司组织架构的设计原则是什么？
- 你们公司的重大决策是什么，由哪些人来决定，其决策原点是什么？

老曾不好意思地挠挠头说："教授，你这些问题都是灵魂拷问，我有点开窍了。让我再回去好好想想。"

陈教授说："好啊，我最近正好在调研一家上海生鲜店的龙头企业，下次我们一起去和它的创始人李进取取经吧！"

"谢谢教授，那太好了！"老曾感觉自己回到了大学时代，身体内的每个细胞都被激活了。

五月的一个周末，老曾和陈教授的调研团队一起来到上海"一家人"的总部。李进迎面而来，他是山东临沂人，衣着朴素，目光炯炯，一看就是踏实可信之人。李进开门见山："欢迎教授和团队来指导，我们要不要在一楼的门店先参观一下？"一家人的门店门口，气球拉出的巨大横幅上写着"人间烟火气，和睦一家人"。端午节快到了，门口还设立了一个"中国节气"打卡站，两位穿着汉服的年轻人在给大家派送端午美食锦囊，还有街舞表演，好不热闹。门店里，窗明几净，井然有序：面点区的各色卡通面点可爱得让人不忍入口；肉禽区的东北黑猪肉和旁边的猪八戒玩偶堆头相映成趣；快餐区的售卖窗口极其忙碌，店员把刚刚制作好的套餐递给开车来取餐的顾客；在客户服务中心旁边，还设计了一个供老人和小孩休息娱乐的区域，屏幕上滚动播放着迪士尼动画片；头顶一条条轨道在运送着顾客在一家人 App下单的物品。店员们虽然忙碌却待客有道，每个人身上都洋溢着真诚与能量……

老曾感到既亲切又震撼，这家店既像海底捞，又像迪士尼，还像肯德基。这一切激发了他更大的好奇心，它是怎么做到的？

参观完一楼的门店，李进和大家说："这是我们的第一家门店，也是所有店长的黄埔军校，我们所有的店长都要在这里工作 6 个月，在完全理解企业文化后，才会去其他店做店长，也就是每家店的 CEO。"

老曾惊讶地问："李总，您说店长是 CEO ？"

"是啊，每个店长都是 CEO，这家店的大事小情都是店长说了算。人、货、场的方方面面他负全责！每家店的店长是有股份的，这么多家门店，我一个人哪管得过来。他们每个人都是创业者，我给他们搭好舞台，然后给他们提供情报系统、弹药系统和人才系统。我已经 50 岁了，这些店长都是 90 后，每个人都是能独当一面的 CEO。"

老曾继续问："那哪些事情需要您拍板呢？"

李总说："我只管三件事，企业文化、人才梯队、战略方向。其他事情全靠团队的合力……"

李进继续娓娓道来，老曾已经陷入沉思。

此刻，在上海的老曾，回看长沙的自己：事事亲力亲为，团队只能执行，没有思考的机会。他看见公司没有建立一套平台和系统，都在靠人工管理；他看见自己满场跑，一会儿扮演店长的角色，一会儿扮演 HR 的角色，一会儿又扮演采购的角色……他还看到，天天美食已经开始了第二次创业，他和团队探索出新的组织模式和商业模式，把美好生活带给千家万户……

深夜，老曾在笔记本扉页上写下了一个他准备用 3 年时间去回答的问题：每天问自己和公司的关系——是天天美食的老曾，还是老曾的天天美食？

进化线索

作为一家组织的创始人，他的心智模式的高度、深度和广度，在很大程度上决定了组织在第一曲线到达巅峰后，继续在第二曲线起飞的胜率。

创始人和 CEO 的心智模式，有以下几个进化的机会：

从"我是英雄"到"团队是英雄"。

从"打造个人能力"到"打造组织能力"。

从"天下为我"到"我为天下"……

能否实现自我进化，需要创始人和 CEO 拥有持久的动力：如果只是为了自己更好，那么这种动力不会强大和持久；只有为了成就心中利他的大愿——组织的使命与愿景，才能完成小我的进化。

后
记

我们从未停止探索

在我们探索之终点

我们会回到原点处

并重新认识此境地

——T.S. 艾略特（T.S.Eliot）《四个四重奏》[○]

美国天文学家卡尔·萨根在他的《暗淡蓝点》一书中这样描述旅行者 1 号宇宙飞船在 64 亿千米之外拍摄的"暗淡蓝点"——地球：

"再看看那个光点，它就在这里。

"那是我们的家园，我们的一切。

　　○　艾略特.四个四重奏［M］.裴小龙，译.桂林：漓江出版社，1985.

2　光速进化：卓越CEO的思与行

"你所爱的每一个人，你认识的每一个人，你听说过的每一个人，曾经有过的每一个人，都在它上面度过他们的一生。

"我们的欢乐与痛苦聚集在一起……

"……人类历史上的每一个圣人与罪犯，都住在这里——一粒悬浮在阳光中的微尘……

"在浩瀚的宇宙剧场里，地球只是一个极小的舞台……"⊖

我们能来到这个世界，既是一个偶然，也是一个奇迹。面对壮阔、纯粹、美好、未知的世界，我们应时刻保持敬畏、谦卑、好奇的探索之心。

2020 年 3 月 3 日，上海新天地的无限极大厦里冷冷清清，新冠疫情带来的未知情绪充斥着每个角落。我来到大楼 21 层的麦肯锡办公室，在麦肯锡 3 位同事的协助下办理好离职手续，正式从学习了 8 年的麦肯锡毕业。在离开之前，我请前台的同事为我和麦肯锡的使命墙合影。看到墙上由工匠手刻而成的麦肯锡使命和美好圣洁

⊖ 萨根.暗淡蓝点：展望人类的太空家园［M］.叶式辉，黄一勤，译.上海：上海科技教育出版社，2000.

的蝴蝶兰，我心中充满了感激。

在使命墙面前，我想起了麦肯锡教父马文·鲍尔，在100年的人生里，他陪伴麦肯锡六十几年，深刻地影响了哈佛大学商学院5任院长，几千位麦肯锡合伙人和世界众多伟大企业的CEO。我问自己："姝茵，在你100岁的时候，你能为这个世界留下什么？"

在使命墙面前，我也看到了世界上无数伟大的组织。它们不忘初心，坚守战略，苦练内功，居安思危，穿越周期，基业长青。这些伟大组织的使命与精神，既指引着这些公司继续前行，也不断激励着这个时代的同行者：麦肯锡成就客户和员工的双重使命；罗氏制药一直践行的"先患者之需而行"；迪士尼不遗余力地给人们带来欢乐并对世界产生积极的影响；3M公司宽松自由的创新文化；荷兰ASML公司独特的"反复评审"工程师文化；丹纳赫构筑于"精益求精"哲学上的"灵动变化、持续向前"的企业气质；巴塔哥尼亚秉承的"地球第一，利润第二"的品牌理念；特斯拉心怀地球，探索宇宙的雄心；华为以奋斗者为本的价值观；字节跳动认为组织是分布式计算机，要发挥每个人的智慧与潜力……

所有这些伟大的组织，它们始终以客户的真实需求为原点进行决策，用高远的使命与愿景引领着组织的创新之路！

所有这些伟大的组织有无数个巅峰团队，他们笃定地相信彼此，欣赏彼此，大家的价值观相同而视角多元，在团队共同梦想的指引下，心相连、意相合、行如一人。

所有这些伟大的组织涌现出一个个有温度、有勇气、有激情、有担当的、不断进化的生命。他们从事的行业不同、工作的内容不同，但相同的是对这个世界的善意和好奇，是自己生命状态的不断绽放！

所有这些伟大组织的背后，有无数位卓越的 CEO。他们通过高远的个人使命和愿景、深邃的自我觉察和宽广的视角，抽离于万千嘈杂的快时代，在宁静致远的慢空间中，开启自我进化之旅。

从"我是英雄"到"团队是英雄"。
从"超强的个人能力"到"打造系统性的组织能力"。
从"天下为我"到"我为天下"……

所有这些生命进化时刻的背后，既有他们内生的愿望和动力，也有良师益友的陪伴和反馈，更有他们结合日常场景所做的知行合一的落地实践，还有整个组织提供的加速改变的环境和机制。

自我改变，
极其艰难。
善用系统，
加持改变。

你是卓越人生的 CEO，我邀请你，在自我进化的无限旅程中，一起为自己和他人营造一个高远、深邃和宽广的能量场，每天进化一点点！

见来求者，

为善师想。

——《维摩诘所说经》

在人生旅途中，我遇到过无数美好的人，他们身上的智慧与大爱，汇成一束光，照耀着我的进化之路。

在这本书的写作过程中，我得到了众多良师益友的帮助，他们的思考与行动，成就了这本书中的故事。

此刻，我希望用文字表达由衷的感谢。

感谢杨三角企业家联盟创始人杨国安教授，感谢能在2009~2011年和您一起工作，您用一言一行让我知道，知识让人变得更加谦卑与好奇。

感谢麦肯锡全球资深合伙人李广宇先生，您的智慧、大爱与信任，让我在客户交付现场可以做纯粹而饱满的自己！

感谢光明乳业前董事长、领教工坊企业家教练王佳芬老师，2012年有幸和您一起工作，让我领会了您的激情与梦想、勇敢与大气！

感谢映恩生物董事长朱忠远博士，您和您的故事让我懂得了投资者和创业者的共同之处：激情、使命与梦想！

感谢花明学长，30年前您和团队披荆斩棘，勇敢开拓，使今天的张江高科技园区成为众多高新科技企业的栖息地和创新场！

感谢华为公司前常务副总裁费敏老师，您的低调、谦虚、务实和睿智让我近距离感受到华为作为一家伟大企业背后的力量，感谢您对使命咨询卓越CEO深度进化场的帮助！

感谢华业天成资本董事总经理童国栋老师，您对组织深入的思考和实践让我受益良多！

感谢北大汇丰商学院管理实践教授、创新创业中心主任陈玮教授，感谢您对我一直以来的鼓励与提携！

感谢源码资本合伙人郑云端先生，谋面寥寥，神交甚深。谢谢您！

感谢源星资本创始管理合伙人金炯女士，您是投资行业的木兰，坚定独立又睿智温暖！

感谢辉瑞中国研发中心总经理陈朝华，您的阳光、勇敢、大爱和果断让您的团队备受滋润，也让我知道了自己要成为一位怎样的领导者。

感谢天境生物副总裁孟渊先生，您眼中的团队是一起冲锋陷阵的兄弟连，感谢您和我们在一起的时候所展现的真实与坦诚！

感谢佰草集前董事长、CEO教练、使命咨询创始合伙人亢雅君女士，感谢您对使命咨询的笃定陪伴和对我的鼎力帮助！

感谢使命咨询创始合伙人张学勇先生，感谢您用纯粹而饱满的状态、笃定的信念、深度的谦卑和无限的专注，在我的创业路上做我的军师，不断提醒我在至暗时刻抬头看见人生的北斗星！

感谢使命咨询合伙人、麦肯锡特聘高管教练王唯老师，我们的友谊始于 2009 年。您是我的生命教练，让我有勇气面对真实、不完美但不断进化的自己！

感谢使命咨询团队的钟清宇、吴雁燕、刘昀翕、齐晓峰、陈晓岚、张芳、朱忠梁、崔璐、张攀、Max Mao、王玮的笃定陪伴；感谢使命咨询的实习伙伴吴琼、林佳霓、管欣怡、鲍星宇、李想、乔胜、杨婧怡、刘心睿对本书的润色和完善！

人生百年，千古一瞬，光速进化，助己利他。